열보다더큰아홉

열보다 더 큰 아홉

당신의 기대가 경제를 바꾼다

▪정갑영(연세대 총장) 지음▪

정 갑 영 교 수 의 풀 어 쓰 는 경 제 학

21세기북스

커피 씨 두 개를 심은 이유

브라질과 에티오피아의 대단위 커피농장을 살펴보면서 알게 된 일이다. 커피는 버찌와 같은 빨간 열매에서 가공된다. 1미터 내외의 나무에 수없이 많은 커피 열매가 주렁주렁 달려 있다. 홍차처럼 잎에서 가공되는 것으로 알고 있었던 이방인들에게는 매우 생경한 장면이었다. 그러나 더 흥미로운 사실은 커피나무의 묘목장에 숨겨져 있었다. 수없이 많은 작은 모래주머니에 커피 씨를 두 개씩 심어서 묘목을 기르고 있었기 때문이다. 하나면 족할 텐데……. 아니면 세 개쯤 심으면 안 되는 것인지……. 궁금증은 오래가지 않았다. "두 개를 심어야 서로 경쟁하면서 자랍니다. 몇 달이 지나면, 그중에서 잘 자란 것 하나만 종묘로 쓰고 작은 것 하나는 버리지요." 모카커피가 그렇게 고급품이 아니라는 사실도 그곳에서 알게 되었다.

커피 씨도 경쟁을 시키고, 저급품도 해외시장에서는 비싸게 팔린다? 아, 시장은 저 멀리 지구의 다른 끝에서 커피나무 속에도 숨쉬며 살아 있구나. 경제학자의 눈에는 또 하나의 감탄일 수밖에 없었다. 하기야 진화론으로 유명한 다윈도 적자생존의 논리를 설득시키기 위해 시장의 경쟁현상을 사례로 들었다고 한다. 식물의 적자생존을 쉽게 믿지 않는 학자들에게 산업혁명 이후 수없이 쓰러져가는 기업들을 보라고. 시장의 경쟁에서 살아남는 기업이 바로 적자생존의 표본이며, 동식물의 세계에도 그 원리가 그대로 살아 움직인다고.

집안에서 키우는 애완동물 기니피그에서도 가끔 시장을 발견한다. 토끼와 쥐의 중간쯤 된다는 기니피그는 보기에는 귀엽지만, 사람을 지나치게 경계하여 쉽게 정들지 못할 것처럼 느껴졌다. 이런저런 이유로 대학 새내기인 막내가 처음 가져올 때만 해도 별로 마음 내키지 않았던 게 사실이다. 그러나 경계심 많던 기니피그도 얼마 되지 않아 '먹이'라는 유인에 쉽게 적응해 나갔다. 우선은 먹이를 주는 주인을 구별하고, 하나하나의 행동이 경쟁과 유인을 반영하여 변화하기 시작하는 것이다. 애완동물을 키워보면 역시 동물의 세계에도 시장이 그대로 움직이는 것을 발견한다.

물론 경제학은 생물학보다는 늦게 태어났다. 따라서 경제의 원리는 사람보다도 먼저 다른 생물의 세계에서 먼저 숨쉬어 왔는지도 모른다. 사람도 예외가 아니라서 우리의 삶은 아직도 경제로부터 자유롭지 못하다. 아마 어느 누구도, 어떤 기업이나 국가도, 정치인도 경제로부터 자유로운 삶을 상상할 수조차 없을 것이다. 경제가 결코 삶의 가장 중요한 핵심은 아니라도, 누구든 그것으로부터 자유로울 수는 없게 되었다. 그래서 어렵다, 어렵다 하면서도 어쩔 수 없이 경제에 관심을 갖지 않을 수 없다.

그러나 시장이 우리 주변 곳곳에 그렇게 가까이 있음에도 불구하고, '경제'는 너무 멀리 있어 쉽게 이해하기 힘들다고 여기는 이들이 많다. 실제로 경제가 너무 이해하기 힘들다고 푸념하는 사람들이 많다. 직업이 직업이다 보니 내 주변에는 어렵다고 푸념하는 소리가 더 많이 들린다. 학생들은 경제학이 어렵다고 기피하고, 직장인은 물론 기업가나 관료, 주부들에게도 경제학은 가까이 하기에는 너무 멀리 있는 어려운 주제로 보이는 것 같다. 기껏 경제에 가까이 간다는 사람들도 재테크에 관심을 갖고 있을 뿐이다. 이런 욕구를 모두 해결해 줄 수 있는 '사랑의 묘약'이라도 있다면 얼마나 좋을까?

왜 경제를 그렇게 어렵게 느끼는 것일까? 우선 경제사정이 좋지 않기 때문에 경제 문제를 해결하는 경제학도 어렵다고 생각한다. 교실에서 경제학을 너무 어렵게 가르쳐 온 학자들의 책임도 클 것이다. 우리 주변에 가득한 경제 현상을 접목시키지 못하고 어려운 이론 중심으로 씌어진 교과서도 또 다른 요인이 될 것이다.

그러나 누구나 무엇에 관심을 쏟으면 정이 들고 잘 알게 되는 법이다. 사람을 사랑하게 되면 그 사람을 자세히 관찰하고 자주 만나고, 그래서 가까워진다. 그림에 관심이 많으면 미술관에 자주 가고, 그림도 그려보며, 그림을 좋아하게 된다. 음악도 마찬가지다. 경제도 마찬가지다. 더 많은 관심을 쏟을수록 좋아질 수밖에 없고, 많은 사람들이 경제를 제대로 알게 될수록 나라와 개인이 더 풍요로워지는 것이다.

실제로 조금만 관심을 갖게 되면 경제는 결코 어렵거나 멀리 있지 않다. 경제현상은 우리 일상에서 항상 살아 움직이기 때문이다. 커피 씨에도, 기니피그에도, '피가로의 결혼'에서도, 사랑을 전달하는 '장미의 기사'에도 보이지 않는 시장의 힘이 움직인다. 누군가를 기다리는 데도 비용이 있고, 성냥개비를 만드는 데도 경제원리가 작동한다. 장바구니에도, 월드 슈퍼스타가 탄생하는 데도, 옆집의 아니꼬운 소비에도 경제는 항상 살아 움직인다. 나비 한 마리의 날갯짓이 폭풍을 만들 수 있는 것처럼, 우리 경제라는 조각배도 글로벌 폭풍에서 자유로울 수 없다. 경제에 관심을 가져야 할 이유가 차고 넘치는 것이다.

경제를 이해해야 하는 또 하나의 이유는 부富와 관련이 있기 때문이다. 비록 돈이 모든 것을 해결해 줄 수는 없어도 돈처럼 많은 자유를 주는 것도 드물다. 적으면 적은 대로, 많으면 많은 대로 갖가지 고민을 만드는 것이 사실이다. 그래도 없어서 고통받는 것에 비하면 많아서 생기는 문제는 사치스러울 뿐이다.

비록 현대 문명이 만들어낸 왜곡된 가치라 할지라도, 성공한 경제는 모두 자신의 이익을 좇는 본능적 욕구를 경제발전의 원동력으로 삼고 있다. 나아가 기술과 개방화의 확대로 경제는 더욱 역동적으로 빨리 변하고, 내일을 알 수 없는 불확실성이 증폭되고 있다. 수백 년된 세계의 대기업이 하루아침에 쓰러지고, 무명의 중소기업이 일약 세계적인 슈퍼스타로 탄생한다. 제품의 우수한 경쟁력을 확보했어도 예기치 않은 환율의 변화 때문에 엄청난 손실을 보이기도 한다. 이런 세상을 주도해 살아가기를 희망하면서 어떻게 경제에 무관심할 수 있겠는가. 날로 복잡해지고, 불확실하며, 빨리 변화하는 세상을 경제로 읽을 줄 알아야 한다.

경제를 이해하는 사람이 많아질수록 국민경제도 부유해진다. 따라서 내가 풍요를 누리려면, '우리' 모두가 경제적 관점에서 세상을 볼 수 있는 지혜가 있어야 한다. 이제 첫사랑에서 영화와 시와 오페라에서 '열보다 더 큰 아홉'의 숨은 지혜를 읽어 보자. 그 속에 우리의 삶이, 우리의 경제가 숨쉬고 있음을 발견하게 될 것이다.

책을 편집하고 만드는 과정에서 애써 준 연구실의 정병현, 오현진 조교, 그리고 21세기북스의 김영곤 사장님 이하 임원진들께 깊은 감사를 드린다.

2012년 5월

정갑영

3장
흐름을 읽는 경제학

4장
기업 경제학

5장
공생 경제학

1장 생활경제학

1
첫사랑의
경제학

학교에 입학하여

새 책을 놓고 하루 일과표를 짜던

영롱한 첫 마음으로 공부한다면

첫 출근하는 날

신발 끈을 매면서 먹은 마음으로

직장 일을 한다면

사랑하는 사이가

처음 눈이 맞던 날의 떨림으로

내내 계속된다면

아팠다가 병이 나은 날

상쾌한 공기 속의 감사한 마음으로

몸을 돌본다면……

옛말에 "첫술에 배부르랴"라는 말이 있다. 무슨 일이든 처음부터 단번에 만족할 수 없음을 의미한다. 하지만 이 속담은 경제학에서는 적용되지 않는다. 우리는 항상 처음 경험하는 일에 가장 큰 감흥을 받는다. 첫사랑을 못 잊는 것도, 새것을 원하는 것도, 해보지 않은 일을 시도하는 용기도 모두 이에서 비롯된다. 처음 시작할 때의 다짐처럼 모든 일을 추진한다면 우리 사전에도 불가능은 없을 것이다.

그러나 항상 '처음처럼' 살아가지 못하는 것이 우리 인간이다. 적어도 보통 사람은 그렇게 하지 못한다. 처음 순간에 만끽했던 그 기쁨과 감흥 그리고 때로는 큰 결심이나 고통마저도 시간이 흐르면 무덤덤한 일상의 흐름에 묻혀버린다. 세월이 흐를수록 첫 경험은 빛바랜 추억으로 묻히고 반복되는 일상은 별다른 감동을 주지 못한다. 그럼에도 새로움이라는 환각에 이끌려 크고 작은 많은 일을 저지르곤 한다. '처음'이라는 마력에 일생을 바치는 사람도 허다하다. 그것이 때로는 인류를 이끌어가는 원동력이 되기도 한다. 새로운 지식과 기술도 여기서 비롯된다. 세상을 바꾼 발명품들도 새로움을 향한 환상에서 시작된다.

이런 현상은 경제활동에서도 그대로 나타난다. 무엇이든 첫 번째 단위의 소비에 가장 큰 만족을 얻고 소비량이 늘어감에 따라 단위당 만족은 점차 감소하게 마련이다. 한 가구에서 두 대의 차량을 살 때 첫 번째 자동차에서 얻는 감흥이 훨씬 큰 것은 두말할 나위 없다. 소비에서 얻을 수 있는 만족, 행복감, 충만함을 경제학에서는 '효용'이라고 부른다.

그리고 소비 단위를 하나씩 증가시킬 때마다 추가로 늘어나는 효용을 '한계효용'이라고 한다. 소비자는 모든 상품의 첫 번째 소비에서 가장 큰 한계효용을 누린다. 소비단위가 늘어날 때마다 처음의 만족이 감소하는 것은 한계효용이 점차 줄어들기 때문이다. 이를 '한계효용 체감의 법칙'이라고 한다. '새것'과 '처음'을 좋아하는 인간의 본성에서 비롯된 경제법칙이다. 첫사랑의 감정이 가장 소중하게 느껴지는 것도 경제학적 관점에서 보면 같은 종류의 그 어떤 사랑보다도 첫사랑의 한계효용이 가장 크기 때문이라고 설명할 수 있다.

한계효용은 모든 상품의 가치를 평가하는 척도가 된다. 소비자는 결코 자신의 한계효용보다 더 높은 가격을 지급하려고 하지 않는다. 물과 다이아몬드의 예를 들어보자. 물은 다이아몬드보다 훨씬 중요한 생활필수품이다. 그럼에도 다이아몬드는 물과는 비교되지 않을 정도로 비싸다. 왜 그러한가? 물은 흔하여 새로움이 없어 한계효용이 작다. 하지만 다이아몬드는 희소하므로 소비자가 느끼는 한계효용이 매우 크기 때문이다.

이번에는 물 한 방울도 없는 무인도에서 생활하는 로빈슨 크루소를 상상해보자. 그곳에서는 물이 귀하고 새로워서 물 한 잔의 한계효용이 매우 커질 수 있다. 산 정상에서 판매하는 청량음료가 시장에서보다 훨씬 더 비싸지 않은가. 18세기에 경제학자들은 다이아몬드가 물보다 비싼 이유를 명확하게 설명하지 못했다. 그들이 가치의 비밀을 터득하는 데 무려 100년이 걸렸다. 그것은 바로 상품의 가치가 전체소비량에서 얻는 효용의 합계에서 결정되는 것이 아니라 한 단위마다 새롭게 느낄 수 있는 한계효용에 의존한다는 사실이다.

따라서 한계효용이 큰 제품을 개발해야만 재화가치를 높이고 더 비싼 값을 받을 수 있다. 새 기능을 추가하여 차별화시켜야만 새로움에 높은 한계효용을 부여하는 소비자들을 만족하게 할 수 있다. 이것이 어디 소비뿐이랴. 이 책도 한 편 한 편 참신한 내용이 가득해야만 독자의 한계효용을 처음처럼 유지할 수 있을 것이다. 매일 반복되는 일상이라고 해도 항상 처음처럼 느끼게 한다면 높은 수준의 한계효용을 만끽하며 삶의 질적 가치를 높일 수 있을 것이다. 시의 제목처럼 '이런 마음으로 산다면' 한계효용은 체감하지 않는다.

2
보이지 않는 손

외모와 연기력을 동시에 인정받는 여배우 귀네스 팰트로가 주연했던 〈셰익스피어 인 러브Shakespeare in Love〉라는 영화를 본 적이 있다. 1999년 아카데미상을 휩쓸었던 그 영화는 대문호의 문학적 영감이 어디에서 비롯된 것인가를 다루고 있다.

슬럼프에 빠졌던 한 작가 지망생이 어떤 계기로 〈로미오와 줄리엣〉이라는 대작을 쓰게 되었을까? 영화는 그가 부유한 집안의 '바이올라'와의 비극적인 사랑에서 받은 영감이 문학적 천재성과 결합하는 과정을 사실적으로 다루고 있다.

실제 그가 탄생한 영국 스트랫퍼드의 기념관에 가보면 그런 비극적 사랑에 대한 의구심은 더할 수밖에 없다. 셰익스피어의 20대는 전혀 알려지지 않았다. 또한 상당한 재력가였음에도 유독 부인에게만 별다른 유산을 남기지 않았다는 공식기록은 많은 의혹을 불러온다.

따라서 영화의 진실성 여부를 불문하고 세기적 대작을 가능하게 한 이면에는 '보이지 않는 힘'이 작용했을 것이라는 추측이 가능할 것 같다. 역사의 뒤안길에는 항상 그 과정을 가능하게 만들어주는 어떤 힘이 작용하게 마련이다. 예술가에게는 신비한 영감으로 나타나고 보통 사람에게는 행운이나 우연으로 또는 하나님의 뜻으로 나타날 수도 있는 것이리라.

　그렇다면 경제 질서는 어떤 힘으로 균형을 이루게 되는 것일까? 길거리의 수박에서부터 수천만 개의 상품과 서비스가 교환되는 국민경제에 이르기까지 균형을 가져오게 하는 힘은 어디에서부터 비롯되는가. 세계의 구석구석에서 그 많은 재화와 각종 서비스가 수십억의 인구에 어떻게 혼란 없이 배분될 수 있겠는가. 소비자나 생산자는 결코 집권자의 명령이나 꿈속의 영감에 의해 움직이는 것이 아니다. 서로가 만족하는 가운데 교환하며 경제적 번영을 이루고 있다. 그러한 현실을 생각하면 그 질서가 신비롭지 않을 수 없다.

　근대 경제학의 아버지로 불리는 애덤 스미스는 그 질서의 신비가 바로 '보이지 않는 손invisible hand'에서 비롯된다고 설파했다. 그의 발견은 경제학의 역사상 가장 위대한 업적이었다. 인간은 자기 이익을 추구하는 본성에 따라 경제적 의사결정을 한다. 그 결과가 사회 전체로는 '보이지 않는 손'에 의해 조화와 균형을 이룩할 수 있다고 파악한 것이다. 즉, 소비자나 생산자가 자신의 이익을 추구하기 위해 좋은 물건을 값싸게 매매하려고 노력하는 가운데 시장에서 '보이지 않는 손'이 균형을 유지해준다는 것이다. 그 손은 결국 경제적 이익을 좇으려는 우리의 마음이다. 시장의 가격기능을 통해 움직이는 것이다.

일견 이기적 의사결정으로 비치는 그 논리가 시장 경제의 효율성을 지탱해주는 근간이 되고 있다. '보이지 않는 손'인 시장의 가격기능은 성공했지만 '보이는 손'인 정부의 명령으로 질서를 유지하려던 사회주의 경제는 붕괴하지 않았던가. 아직도 시장기능으로 해결할 수 없는 영역이 있는 것은 사실이다. 하지만 시간이 흐를수록 비경제 부문에까지 그 '손'의 힘은 더욱 커지고 있다.

하다못해 전용차선 위반에 대한 벌금에서부터 남산터널의 통행료와 은행에서 증권시장으로의 자금이동 등 경제적 인센티브가 있으면 사람의 마음은 그 '손'에 끌려 움직인다. 그 깊은 곳에 살아 움직이는 '손'의 질서를 외면한 채 정치논리로 밀어붙이는 정책은 결코 성공할 수 없다. 한때 움직인다고 할지라도 비효율과 사회적 비용을 유발할 수밖에 없다. 오늘날 시장질서가 가장 폭넓게 용인되는 미국의 번영과 다른 극단에 서 있는 북한의 피폐는 결코 우연이 아닌 것이다. 중국이 13억의 식량문제를 해결한 것도 시장이었다. 그래서 애덤 스미스는 극단적으로 정부는 야경夜警과 국방에만 신경을 쓰고 경제는 공공사업에만 몰두하라고 했던 모양이다.

사실은 애덤 스미스 자신도 '보이지 않는 손'에 의해 대경제학자가 되었던 사실을 지적하지 않을 수 없다. 그는 초기에 문학평론가로서의 꿈을 키웠지만, 셰익스피어를 너무나 혹평하여 "스코틀랜드(스미스의 고향)에는 아직도 그런 잡초가 무성하다"는 비판을 받았다. 만약 셰익스피어가 인도와 바꿀 수 없는 대문호로 평가받지 못했다면, 애덤 스미스는 지금쯤 평론사에 이름이 남아 있을 것이다. 그러나 다행히 부칼렛 공작의 개인교사로서 엄청난 월급을 거절하지 못하고 논리학 교수직을 떠나고 만다. 그때부터 한가롭게 경제학에 입문하여 대성했으니 '보이지 않는 손'은 이미 오래전부터 그를 움직인 것이다.

3
열보다 더 큰
아홉

열보다 아홉이 더 크다? 더 크고 더 많은 것을 좋아하는 세상에 너무나 황당한 얘기이다. 초등학교 산수에도 어긋나는 이 논리가 과연 맞는 말일까? 으리는 가까운 곳에서 흔히 이런 사례를 찾아볼 수 있다.

실제로 사람은 열보다 아홉을 더 귀중하게 느낄 때가 예상외로 많다. 일반적인 여성들은 30세보다 29세에 오래 머물러 있고 싶어 하지 않는가? 그래서 29세 더하기 몇 개월이라는 새로운 나이 계산법도 등장한다. 남자들도 50세보다는 49세에 더 머무르고 싶어 한다. 가는 세월을 아쉬워하며 아홉에서 열로 넘어가는 데 상당한 저항을 느끼기 때문이다. 그래서 비록 수학적으로는 틀린 계산이지만, 마음으로는 아홉이 열보다 더 귀하게 느껴질 때가 잦다.

그러나 열보다 아홉을 선호하는 계산법이 나이에만 통용되는 것이 아니다. 합리적인 분석으로도 증명할 수 있다. 사회과학의 여왕이라는 경제학에서도 흔히 나타나는 현상이다. 실제로 아홉이 열보다 더 크다는 논리는 5,000년 전 중국의 제왕 신화에 나오는 하도河圖에도 수록되어 있다고 한다. 물론 우리가 어떻게 심오한 역易의 세계를 쉽게 이해할 수 있겠는가. 다만 고급 수학을 많이 활용한다는 경제학에서조차 그런 엉뚱한 산수가 있다니 한번 눈여겨 살펴볼 일이다.

사람은 풍년이 들면 농촌 가계에 큰 도움이 될 것으로 생각한다. 그러나 농부의 마음은 글자 그대로 '풍요 속의 빈곤'이다. 아홉 가마를 수확한 해보다 열 가마를 거둬들인 해의 수입이 더 줄어들 수 있기 때문이다. 풍년이 든 해에는 시장 가격이 폭락하고 농부 한 사람의 수입은 오히려 아홉 가마를 생산했을 때보다 더 줄어들 수 있다. 아무리 순수입을 계산해도 아홉 가마가 열 가마보다 더 큰 것이다.

이런 현상이 농부에게만 나타나는 것은 아니다. 물은 꼭 필요하지만, 너무 많으니 시장가치가 낮다. 물같이 꼭 필요한 재화가 다이아몬드처럼 적었다면 어떻게 되었을까. 피카소의 그림도 희소해서 비싼 것이고 다이아몬드도 흔하지 않아서 고가에 팔리는 것이다. 기업도 물량을 조절할 수 있다면 적게 생산하여 더 많은 이윤을 획득할 수 있다.

기업이 한 개를 더 생산해서 얻게 되는 수입을 한계수입이라고 한다. 생산을 많이 할수록 가격은 내려가고 한계수입도 따라서 줄어든다. 그런데 생산을 공짜로 하는 것이 아니다. 하나 더 생산하는 데는 추가적인 비용, 즉 한계비용이 들어간다. 따라서 한계수입이 한계비용보다 적다면 하나 더 생산할 때 이윤은 오히려 줄어든다.

9개에서 10개로 생산을 늘릴 때 추가적인 한계수입은 1만 원이다. 그

때 더 들어가는 한계비용은 1만 2,000원이라고 하자. 10개를 생산하면 9개 때보다 오히려 2,000원의 이윤이 줄어든다. 차라리 9개를 생산하는 것이 낫지 않은가.

소비자도 열보다 아홉을 더 좋아한다. 사람은 행복, 만족감, 쾌감을 추구하며 살아간다. 소비도 그런 만족을 얻기 위한 행동이다. 그런 만족을 경제에서는 효용이라고 한다. 소비자는 소비를 한 단위 더 늘릴 때마다 추가로 늘어나는 효용, 즉 한계효용을 좇아 행동한다. 소비로부터 느끼는 한계효용이 최소한 가격보다는 높아야 구매를 하는 것이다. 한계효용은 1,000원인데 가격이 1,500원이라면 누가 그 물건을 사겠는가? 돈을 지급한 만큼 만족을 얻을 수 없는 데 말이다

포도를 먹는다고 생각해보자. 한 알, 두 알, 그리고 아홉 알, 열 알로 늘어날수록 그 맛은 떨어진다. 그래서 9개까지만 먹는다. 한계효용이 낮은 10개에는 손이 가지 않는다. 소비를 증가시킴에 따라 한계효용이 점차 줄어드는 것이다.

기업도 마찬가지다. 공급량이 늘어날수록 시장가격은 내려간다. 풍년을 맞은 농부의 한숨처럼 기업도 시장에 많이 공급하는데 오히려 이윤이 줄어들 수 있다. 적은 수량으로 많은 이윤을 확보할 수 있다면 그보다 더 좋은 전략이 어디 있겠는가. 그래서 현명한 독점기업은 무작정 생산량을 늘리지 않는다. 9개가 10개보다 더 큰 이윤을 보장할 수 있기 때문이다.

경제에서는 희소성이 그 가치를 결정하기 때문에 이렇게 아홉이 열보다 더 큰 가치가 있을 수 있다. 경제의 아이러니다. 그러니 가슴이 작다

고 수입이 적다고 집이 작다고 가진 것이 적다고 너무 심려하지 말자. 경제로 세상을 보면 아홉이 열보다 더 크지 않은가. 아홉 개를 가졌을 때가 더 행복하지 않은가?

4
거품과
폰지 게임

　우리는 항상 '경제'로부터 자유롭지 못하다. 나라 전체로는 경제가 안정된 시절보다 위기에 처한 때가 잦고 개인의 삶도 여유롭지 못할 때가 더 많아 왔다. 물질적 풍요를 누리는 사람도 그 '돈' 때문에 어려움을 당하는 경우도 많다. 부족한 사람 역시 돈이 없어 고통을 당한다. 많다고 반드시 행복하지는 않다. 하지만 적으면 우리의 삶을 속박하는 것이 바로 '돈'이다. 물질에 초연한 삶을 즐기는 사람도 돈의 유혹에서 벗어나지 못할 때가 잦다. 돈이 가져다줄 수 있는 삶의 자유를 거부하기 어렵기 때문이다.

　이런 이유로 사람은 대부분 적게 투자하고도 많이 벌 수 있다는 달콤한 유혹에 빠지기 쉽다. 은행의 이자율은 3~4퍼센트밖에 안 되는데 20퍼센트의 수익을 돌려준다면 얼마나 좋겠는가? 그래서 성실한 사람조차도 높은 수익률을 좇는 환상에 쉽게 빠질 수 있다. 사람은 당첨 가능성이 극히 낮은 복권을 사며 즐거워한다. 또한, 위험성이 높은 부실기업의 주식에 기대를 걸어보기도 한다. 높은 이자의 매력 때문에 사기를 당하는 경우도 많고 집을 날리는 사람도 종종 볼 수 있다.

실제로 투자를 적게 했는데 높은 수익을 받을 수 있다면 얼마나 좋을까? 그러나 그런 수익률이 어떻게 보장될 수 있을까. 세상에 그런 투자는 흔치 않다. 어딘가 함정이 있거나 위험도가 높아 오히려 실패할 가능성이 높다. 그럼에도 사람은 그 환상을 좇아 과감한 투기를 감행하는 경우가 많다. 돈을 좋아하는 사람의 본성 때문일까?

시간과 공간을 초월하여 사람이 사는 곳이면 어디에서나 이런 현상이 등장한다. 1920년대 카를로 폰지C. Ponzi라는 미국인은 플로리다의 개발붐을 악용하여 주택투자로 높은 수익을 올릴 수 있다고 사람을 선동했다. 택지 값의 10퍼센트만 투자하면 건축비는 은행이 빌려준다고 했다. 모든 일이 일사천리로 진행되어 불과 몇 주 사이에 2배 이상의 차익을 얻을 수 있다는 것이다. 높은 수익을 보장해준다는 선전에 수많은 사람이 몰려들었다.

한동안 폰지에 돈을 맡긴 사람은 높은 수익을 챙길 수 있었다. A에 대한 수익은 B로부터 받은 투자금으로 돌려주고 B에 대한 수익은 C의 투자금에서 지급하는 방식이다. 이러한 폰지의 묘안은 한동안 성공을 거두었다. 고수익에 대한 소문으로 투자는 끝없이 늘어났다. 그러나 이런 과정이 무한히 지속하였다면 얼마나 좋았을까. 폰지가 말한 새집은 3년이 지나도 보이지 않았다. 폰지는 점차 사기꾼으로 인식되었다. 결국, 10억 달러의 원금은 1,400만 달러만 남겼다. 폰지는 감옥으로 사라졌다.

경제학자들은 그 사건 이후로 본질적인 가치보다 높은 이자만을 좇아가는 행태를 '폰지 게임'이라고 부른다. 본질적인 기본가치보다는 거품을 좇는 행태라고도 말할 수 있다. 거품은 일시적이고 남아 있는 실체는 영원하다. 경제학에서는 거품을 자산가치가 기본가치fundamental value를 벗어나 급등하는 현상이라고 정의한다. 즉, 주식, 상품, 부동산, 채권 등의 가격이 투기적인 수요 때문에 일시에 급격히 상승하는 현상이다.

거품보다 약한 가격상승 현상은 흔히 붐이라고 한다. 물론 거품은 실수요자에 의해서 발생하는 것이 아니라 미래의 기대수익을 찾는 투기적 수요가 뒷받침되어 생겨난다. 투기적 수요가 영원히 발생한다면 아무도 거품을 걱정하지 않는다. 그러나 언젠가 투기적 수요는 사라지고 급등한 자산 가치는 하루아침에 폭락하여 금융위기를 불러오게 된다.

만약 모든 사람이 완전한 정보를 갖고 합리적인 의사결정을 내린다면 거품은 생겨나지 않을 것이다. 그러나 현실적으로 정보는 불확실하다. 사람은 서로 다른 목적이 있으며 투자기간도 제각각이다. 또한, 투기할 수 있는 자산의 규모도 모두 다르다. 그래서 처음 붐을 일으킨 약삭빠른 투자자는 적당한 시기에 엄청난 이익을 얻고 빠져나온다. 하지만 대다수 소시민은 막차를 타서 손실을 보는 것이다.

폰지 게임은 최근 논란을 겪고 있는 국민연금에도 적용될 수 있다. 사람은 모두 연금보험료는 적게 내고 노후에 많은 연금급여를 수급하기를 갈망한다. 그러나 출산율은 떨어지고 노령화는 계속되는데, 어떻게 많은 연금을 지급할 재원을 확보하겠는가. 연금의 건전성을 회복하기 위해서는 연금지급을 줄이거나 아니면 보험료를 인상해야 한다. 그러나 이것은 모든 국민이 원치 않는다. 오히려 더 적게 내고 더 많이 받아갈 생각만 한다. 전형적인 폰지 게임의 문제다.

이익이 생기지 않는데 어디서 이자가 나오겠는가. 명백한 사실을 간과한 채 그래도 사람은 그 버블을 믿고 싶어 한다. 그러나 버블은 항상 사라지게 마련이다. 그리고 거품이 사라지면 폰지 게임의 결말을 볼 수 있다. 폰지 게임의 패자는 바로 거품을 좇는 당신이 될 수도 있다.

5
나무와 숲의
관계

나도 봄 산에서는

나를 버릴 수 있으리

솔이파리들이 가만히 이 세상에 내리고

상수리나무 묵은 잎은 저만큼 지네

봄이 오는 이 숲에서는

지난날들을 가만히 내려놓아도 좋으리

그러면 지나온 날들처럼

남은 생도 벅차리

봄이 오는 이 솔숲에서

무엇을 내 손에 쥐고

무엇을 내 마음 가장자리에 잡아두리

솔숲 끝으로 해맑은 햇살이 찾아오고

박새들은 솔가지에서 솔가지로 가벼이 내리네

삶의 근심과 고단함에서 돌아와 거니는 숲이여

거기 이는 바람이여

찬 서리 내린 실가지 끝에서

눈 뜨리

눈을 뜨리

그대는 저 수많은 새 잎사귀들처럼 푸르른 눈을 뜨리

그대 생의 고요한 솔숲에서

— 김용택, 〈그대 생의 솔숲에서〉

봄 산의 연초록빛은 아름답기 그지없다. 아직 햇볕에 그을리지 않아, 미처 초록으로 변하지 않은 그 이파리들이 5월을 계절의 여왕으로 만든다. 그 숲 속에 '지나온 날들을 내려놓아도' '근심과 고단함'을 버리고 와도 모두 그 푸름 속에 녹아낼 것이다. 아직 겨울잠에서 깨지 못한 나무마저도 숲의 푸름에 가려버리고 만다. 그래서 나무는 숲을 만든다. 숲은 나무의 미세함을 포용할 수 있어서 좋다.

경제도 숲을 보듯이 먼발치로 쳐다보면 작은 나무들의 움직임은 나타나지 않는다. 그러나 어떤 나무도 연초록의 빛을 내지 못한다면 어떻게 숲이 파랗게 보일 수 있겠는가. 그래도 상당히 많은 나무가 초록으로 변해야만 제 빛을 내지 못하는 한 그루 나무를 감쌀 수 있다. 그래서 나무와 숲은 서로서로 안고 있는 것이다.

경제를 숲처럼 본다는 것은 전체의 모습을 크게 조감하는 것이다. 이를 거시 경제적 접근이라 부른다. 이를테면 경제성장과 통화량은 어떠하며 국제수지는 어떤 상태인가를 보는 것이다. 성장과 물가 그리고 국제수지가 바로 거시경제의 3대 지표이다. 국내총생산, 이자율, 실업률 등도 거시경제에서 많이 활용하는 경제변수이다. 숲을 보는 시각으로 국민경제의 모습을 이해할 수 있다. 봄 산처럼 연초록인가, 여름의 진한 녹음인가, 아니면 추풍낙엽의 쇠퇴기에 있는가를 알 수 있다.

그러나 숲이 여러 수종樹種으로 구성되어 있듯이 국민경제의 숲을 만드는 나무들도 수없이 많다. 기업은 물론이고 개별 소비자, 정부, 근로자 등 모든 경제 주체가 모여 숲을 이루는 것 아니겠는가. 경제의 숲을 구성하는 나무 하나하나를 개별적으로 분석하는 것이 바로 미시경제이다. 현미경으로 경제를 상세하게 들여다보는 접근방법이다. 특정 산업의 현황, 시장여건, 경쟁 상태는 물론 중소기업과 대기업의 문제를 다루는 것은 당연히 미시경제의 문제이다. 소비자나 기업과 같은 개별경제 주체가 자신의 이익을 높이기 위해 행하는 '경제적 선택'은 모두 미시경제적 분석에 해당한다.

숲과 나무의 관계와 같이 미시경제를 구성하는 경제 주체들이 건강해야만 거시경제도 초록으로 보인다. 그러나 진한 녹음의 숲에도 병충해에 시달리는 나무가 있듯이 거시경제가 호황이라도 현미경 속에 나타난 일부 경제 주체들은 불황에 시달릴 수도 있다. 숲이 잡목으로 우거져도 파랗게 보일 수 있다. 마찬가지로 경제도 거시경제만 파랗다고 모든 것이 좋은 것은 아니다. 아카시아처럼 독점기업이 시장을 지배할 수도 있다. 통화량은 많이 풀렸어도 중소기업에는 돈 가뭄이 지속할 수 있다.

따라서 경제정책은 거시경제와 미시경제를 효율적으로 조화시키는 것이어야 한다. 정원사가 나무 하나하나를 손질하면서 조경을 생각하듯이. 그래야 솔숲 끝으로 해맑은 햇살이 찾아와 나뭇가지에 서려 있는 근심을 모두 덜어줄 수 있지 않겠는가.

6
무임 승객의
선택

몇 시간만 기다리면 결과를 알 수 있다. 하지만 그 몇 시간을 참지 못하는 사람의 궁금증 탓인지 여론조사 전문기관이 선거철만 되면 호황을 누린다. 수천만 명의 유권자 가운데 불과 1,000여 명을 대상으로 여론조사를 해도 조사기법의 발달 때문에 대세를 판단하는 데는 무리가 없다.

그러나 늘 통계조사가 사실과 맞는 것은 아닌가 보다. 조사기법의 후진성도 배제할 수는 없다. 하지만 통계결과가 실제 치와 어긋나는 가장 큰 이유는 바로 응답자가 불성실하게, 아니 심지어는 자신의 선택과 반대되는 응답을 하는 경우 때문이다. 2004년 17대 총선에서도 방송사 출구조사가 실제 결과와 맞지 않아 방송사에서 사과하는 일이 벌어졌다. 그러나 더욱 극적인 것은 16대 총선에서였다.

16대 총선에서 승자와 패자는 누구였을까? 엉뚱하게도 가장 큰 패자는 세 방송사였던 것 같다. 스스로 사과 방송까지 내보내는 수모를 겪었으니 재론의 여지가 없을 것이다. 선거일 당시 오후 6시가 '땡' 하자마자 모든 방송이 당시 여당이었던 민주당의 압승을 예측 보도했지만, 불행히도 결과는 완전히 정반대로 나왔으니 글자 그대로 유구무언有口無言이었으리라.

당시 KBS와 SBS는 민주당 132석, 한나라당 115석을 단정적으로 전망했다. MBC는 각각 127석과 120석을 추정했다. 하지만 결과는 오히려 민주당(115)과 한나라당(133)이 뒤바뀐 것으로 나타났다. 세계적으로 제휴를 맺고 있는 굴지의 여론조사 기관들이 공동으로 만들어낸 작품이라니 어안이 벙벙할 따름이다. 그동안 수많은 정책이 이런 여론조사를 통해 여과되었던 사실을 상기하면 더욱 아연할 수밖에 없다. 아무리 오차가 있다고는 하지만 과녁에서 빗나간 화살의 피해가 너무 심각하다.

어떻게 그런 결과가 나올 수 있었을까? 가장 핵심적인 원인은 응답자가 자신의 본심 밝히기를 꺼렸기 때문이다. 특히 야당을 찍었을 때 더욱 그러했던 것 같다. 실제 이 같은 행태는 경제적 의사 결정에서 자주 등장한다. 경제 주체는 어떤 일이든 먼저 자신의 효용 함수를 계산해본다. 그래서 이익이 되는 쪽으로 움직인다. 이것은 '합리적'인 시장 행태의 일종이다. 물론 그런 행태가 사회적으로 바람직하지 않을 때도 잦지만, 어떤 규제로도 그렇게 움직이는 시장의 힘을 막는 것은 어렵다. 사람의 마음이 곧 시장을 지배하기 때문이다.

예를 들어, 신호등이나 가로등을 설치하는 공공사업을 생각해보자. 먼저 필요성 여부를 물어봐야 한다. 그 길을 얼마나 자주 지나느냐에 따라 필요성이 달라지기 때문이다. 그렇다고 제한된 예산을 무시하고 무작정 건설할 수도 없다. 이 경우 가장 효율적인 방법은 역시 시장 원리를 도입하는 것이다. 즉, 자주 사용할 사람이 얼마나 설치비용을 부담할 용의가 있는가를 파악하기 위해 주민에게 얼마나 절실히 필요한가를 물어보아야만 한다. 당연히 "절실히 필요하다"고 응답한 사람이 더 많은 설치비를 쿠담하게 된다.

이런 여론조사의 결과는 어떻게 나올까? 분명히 지난 선거 결과와 같을 것이다. 공공사업비를 더 부담하면서까지 진실한 선호true preference를 밝히는 사람은 절대 많지 않을 것이기 때문이다. 이렇게 되면 깜깜한 거리라 할지라도 가로등을 영원히 설치할 수 없다.

그러나 선호의 정도가 비용 부담과는 상관이 없다면 누구나 설치하자고 할 것이다. 따라서 이런 사업은 시장 원리만으로는 해결되지 않는다. 차선책으로 일단 설치하고 사용료를 받을 수 있다. 하지만 역시 큰 비용이 들어간다. 가로등마다 요금 계산소를 설치할 수 없지 않은가? 그래서 우리 주변에는 설치비는 부담하지 않고 공짜로 이용만 하려는 무임 승객free rider이 등장하게 마련이다. 이렇게 모두가 진실한 선호를 숨기고 공짜만 기다린다면 사회는 어떻게 될까. 가로등 없이 깜깜해질 뿐이다.

어디 이런 일이 공공사업뿐이랴. 야당을 찍었다고 했다가 행여 긁어 부스럼이 될 바에야 차라리 대충 대답하는 게 낫지. 오늘 우리는 진실을 감추며 또 공짜를 기다리는 것은 아닌가 생각해본다.

7
경제학
처방전

미국의 명문 아이비리그는 그 명성만큼이나 비싼 등록금으로도 유명하다. 최근의 등록금은 4~5만 달러다. 아무리 미국이라도 상당히 비싼 편이다. 게다가 생활비까지 포함하면 1년에 5~6만 달러가 소요되는 셈이다.

아이비리그의 경제학과를 졸업하고 20년 후에 다시 아이비리그의 학부형이 된 어느 중소기업 사장이 겪은 얘기다. 그는 동문이면서 다시 학부형이 된 뿌듯한 마음으로 모교를 방문했다. 그런데 아들이 치르는 중간고사의 문제를 보고 한동안 어안이 벙벙했다. 시험문제가 자신이 20년 전에 치렀던 것과 똑같지 않은가. 그렇게 많은 등록금을 받으면서 교수가 오죽 게을렀으면 문제 하나 바꾸지 않고 그대로 낸단 말인가.

그는 끓어오르는 분노를 겨우 참으며 만찬에서 경제학의 대가인 스승을 만나게 되었다. 도저히 그대로 돌아갈 수는 없었다. 드디어 입을 열고 스승에게 한 마디 건넸다.

"교수님, 중간고사 문제를 하나도 바꾸지 않으시니, 요즘 학생들은 어떻게 공부하는지 걱정이 됩니다. 벌써 20년이나 흐르지 않았습니까?"

약간 당황한 노교수는 점잖게 타일렀다.

"그래 하나도 바뀐 게 없네. 그런데 그게 무슨 문제란 말인가. 자네는 사업을 잘하려면 경제학의 원리를 더 배워야겠네."

"무슨 말씀입니까?"

"경제 문제는 변함이 없어도 그것을 해결하는 방법은 시대환경에 따라 변하는 법이네. 자네가 20년 전에 썼던 답은 지금은 0점이네."

그렇다. 경제문제의 본질은 시대에 따라 변함이 없었다. 실업과 인플레이션, 저성장과 무역적자, 재정적자 등 고전적인 경제문제들은 인류 역사와 뿌리를 같이한다. 그럼에도 그것을 해결하는 경제학적 처방은 시대에 따라 달랐다. 때로는 서로 상충하는 논리가 등장하기도 했다. 같은 처방이라도 정책의 강도가 각양각색이었다. 그래서 노벨 경제학상은 상반된 논리를 주장한 두 사람이 모두 받을 수도 있지 않은가. 모든 경제문제를 동시에 해결하는 만병통치약은 결코 경제학 사전에는 없는 것으로 알려졌다.

최근 우리 경제에서도 금리 인상에 대한 찬반양론이 팽배해 있다. 일부에서는 경제성장률과 물가상승률을 합한 수준으로 금리를 올려야 한다고 주장한다. 그러나 아직은 저금리 기조의 안정이 시급하다는 주장도 설득력이 있다. 똑같은 경제상황을 보는 시각이 다르기 때문이다. 한 가지 정책만으로는 모든 경제문제를 해결할 수 없기 때문이다.

금리를 인상하면 투자와 소비가 위축되며 증권시장에도 악재로 작용한다. 따라서 국내 경제가 위축될 수 있고 생산 활동이 침체하면 실업자가 늘어나게 된다. 따라서 금리안정론자들은 국내 경기가 안정되지 않은 상태에서는 섣불리 금리를 인상할 수 없다는 것이다. 반대로 금리 인상의 필요성을 강조하는 측에서는 인플레이션의 억제를 위해 경기가 약간 더 침체할지라도 금리 인상이 필수적이라는 것이다. 현재의 금리 수준이 지속되면 인플레이션이 촉발된다. 그리고 국내 경기는 다시 악순환을 거듭하게 된다고 본다. 이 논쟁 속에 숨어 있는 핵심은 실업과 인플레이션은 동시에 잡을 수 없는 두 마리의 토끼와 같다는 것이다.

실제 이것은 경제학의 고전적인 문제이다. 실업을 낮추기 위해 경기를 부양시키면 실업은 줄어드나 대신 물가상승이라는 복병이 등장한다. 반대로 물가안정을 위한 긴축정책을 동원하면 실업자는 늘어난다. 이러한 현상을 '필립스의 상충Phillips trade-off'이라고 한다. 물론 정보를 완벽하게 주면 이런 현상은 나타나지 않을 수도 있으나 실제로 필립스의 상충을 벗어나는 경제는 많지 않다. 오히려 정책을 잘못 쓰면 물가와 실업이 동시에 증가하는 오류에 빠질 수도 있다.

우리는 어디로 가야 하나. 먼저 어느 토끼가 중요한가를 판단해야 한다. 한 번에 모든 것을 동시에 해결할 수는 없다. 경제학은 시대 상황에 맞는 적절한 선택을 제시하는 과학이다.

8
시간의
기회비용

　상대성 원리라는 어려운 이론을 시간의 개념으로 명쾌하게 풀이한 아인슈타인의 유명한 일화가 있다. 빛이 너무 빨라 우리가 그 차이를 구별할 수 없을 뿐이지 달려가는 사람과 걸어가는 사람 사이에는 시간의 차이가 존재한다는 것이다. 모든 사람에게 주어진 시간의 길이는 같은 것처럼 보인다. 하지만 사실은 그렇지 않다는 것이다.

　5분을 어떻게 보낼 수 있는가를 생각해보자. 연인과 함께 황홀한 5분을 즐기고 있는 사람에게는 그 시간이 얼마나 짧겠는가. 그러나 그 5분 동안 끓는 물 속에 손을 넣고 있으라고 한다면 그 시간이 얼마나 고통스럽겠는가. 그렇게 보면 시간의 상대성은 너무나 분명해진다. 상대성 원리에 따르면 빛은 너무 빨라 달려가는 사람과 걸어가는 사람의 시간 차이를 구별하지 못한다고 한다. 하지만 시간 소비의 상대성은 누구에게나 엄연히 존재하는 현상이다.

우리의 일상에서도 바쁜 일정에 쫓기는 경우와 한가롭게 여가를 즐길 때의 24시간은 '피상적인' 시간에서는 비록 같은 것일지라도 주관적인 느낌의 차이는 엄청나게 다를 수 있다. 어떤 일정으로 무엇을 선택하는 가가 시간의 질을 결정하게 되는 것이다. 때로는 즐거운 5분을 선택할 수도 있다. 하지만 고통스러운 5분을 잘못 선택할 수도 있다. 시간의 절대성 면에서 그 5분은 아무런 차이가 없겠지만, 상대적인 인식의 차이는 엄청나게 크다.

이 과정에서 나타나는 상대적인 차이를 경제학에서는 비용의 개념으로 설명한다. 먼저 시간이라는 자원이 제약되어 있다는 현실적 한계에서부터 출발한다. 만약 고통스러운 5분을 선택했다고 하자. 즐거운 5분을 선택할 수 있는 절대적인 기회는 포기할 수밖에 없다. 따라서 고통스러운 5분을 선택하는 비용은 그 고통 자체는 물론이고 다른 선택에서 얻을 수 있었던 즐거움을 포기해야 하는 비용까지도 포함해야 한다.

이처럼 고통을 선택했기 때문에 포기해야 하는 즐거움을 경제학에서는 '기회비용'이라고 한다. 즐거운 시간의 쾌락을 '100'이라 한다면, 고통의 선택 때문인 기회비용은 쾌락에서 얻을 수도 있었던 '100'이 되는 것이다. 기회비용은 결국 제한된 기회의 선택에 따른 상대적 가치를 평가하는 경제적 개념이다. 하나를 선택함으로써 포기해야 하는 기회를 비용으로 간주하는 것이다.

기회비용은 물론 시간에만 적용되는 것이 아니라 제한된 자원의 선택에 모두 적용될 수 있는 개념이다. 예를 들어, 기회비용은 삼성자동차의 투자에 따른 기회비용의 엄청난 자금을 다른 사업 부분에 투자했더라면 얻을 수도 있었던 수익이 된다. 따라서 삼성자동차의 실질적인 청산비용을 산출하기 위해선 자동차 자체의 손실뿐만 아니라 기회비용까지도 포함해야만 한다. 기회비용이 큰 투자는 경제적 수익이 적다는 얘기가 된다. 기회비용을 적게 하는 선택이 가장 현명한 것이다.

더욱 적은 투자에서도 이런 현상은 발생한다. 100만 원을 은행에 맡길까 주식을 살까 망설이다가 은행에 맡겼다고 해보자. 그 결과 1년 수익이 7만 원밖에 나오지 않았다. 그러나 주식은 폭등하여 1년 뒤에 50만 원이 된다고 가정하자. 따라서 기회비용까지 고려한다면 이 사람은 은행예금에서 43만 원을 손해 본 셈이 된다. 반대로 이 사람의 주식투자에 따른 기회비용은 7만 원이 된다. 따라서 이 경우에는 기회비용이 적은 주식에 투자하는 것이 더 현명한 판단이다. 물론 주식이 폭락한다면 주식투자의 기회비용이 더 큰 것이 된다.

사람의 선택에도 기회비용이 따른다. 정실이나 압력에 눌려 우수한 신입사원을 뽑지 못했을 때의 기회비용은 상상을 초월한다. 그뿐만 아니라 상품, 계약조건, 거래 상대방, 마케팅 등 모든 의사결정에는 반드시 기회비용이 수반된다. 고3이나 재수 시절의 유혹, 또는 일시적인 감정의 폭발로 잘못된 행동을 선택했다면 평생 동안 엄청난 기회비용을 부담해야 한다.

한 번쯤 오늘 하루 나의 선택이 가져오는 기회비용을 생각해볼 일이다. 그리고 그 선택의 대안이 무엇인지 음미해볼 필요가 있다. 최선의 선택이라면 기회비용이 가장 적게 들어가는 것이다. 기회비용, 그것은 실제로 정산할 필요가 없다. 오히려 수익보다도 더 중요한 역할을 한다.

그래서 모든 비용은 일단 줄이는 것이 가장 현명하지 않은가.

세계 최대의 거부인 마이크로소프트의 빌 게이츠가 길을 가고 있는데 5만 원이 떨어져 있다고 하자. 이때 돈을 줍는 것이 현명한가? 그냥 지나치는 것이 현명한가? 기회비용의 개념을 적용해보자. 그의 재산이 약 560억 달러이고, 창업한 지 대략 37년이 되었냐면 초당 48달러, 즉 5만 5,000원가량을 버는 셈이다. 물론 이것은 이자나 수익이나 재산의 형성 과정들을 모두 무시한 간단한 계산이긴 하지만, 기회비용을 이해한 사람이라면 그냥 지나치라고 권할 것이다. 행복하게도 그가 허리를 굽혀 돈을 줍는 시간의 기회비용이 줍는 돈보다 많기 때문이다.

9
피그말리온
효과

사이프러스의 왕자로 태어난 피그말리온은 조각가로 유명했다. 그는 여자는 결점이 많아서 독신으로 지내야 한다고 믿었다. 대신 세상에서 찾아볼 수 없는 이상적인 여인상을 상아로 조각했다. 그리고 시간이 흐를수록 그 여인상에 심취하여 온갖 정성과 사랑을 쏟으며 실제 연인으로 환생할 수 있기를 간절히 열망했다. 드디어 사랑의 여신 아프로디테는 그의 간절한 소망을 들어주었다. 피그말리온이 비너스의 축젯날 그 여인에게 키스하는 순간, 실재 인물로 환생시키게 된다. 그리스 신화에 나오는 신비로운 일화이다. 그렇게 스스로 열망하는 일이면 무엇이든 실현될 수 있다면 얼마나 좋겠는가.

이 일화가 널리 알려지게 된 것은 신화에서 영감을 얻은 버나드 쇼의 희곡 《피그말리온》(1912)이 조지 쿠커에 의해 〈마이 페어 레이디〉(1964)로 영화화되면서부터다. 영화에서 음성학 교수 히긴스는 'A'자도 제대로 발음하지 못하는 상스런 말투의 꽃 파는 여인 일라이자를 6개월 이내에 귀부인으로 변화시키겠다고 친구와 내기를 한다.

히긴스는 여자를 혐오하는 독신주의자다. 그는 그 사람이 사용하는 언어가 신분과 품위의 상징이라고 믿었던 것이다. 그 결과는 성공적이었다. 고된 연습과 자기실현의 열망이 열매를 맺은 것이다. 드디어 두 사람은 왕비가 주최하는 무도회에 참가하고 일라이자는 우아한 귀부인으로 상류사회에 화려하게 데뷔한다. 20여 년 전 상영된 영화 〈귀여운 여인Pretty Woman〉도 창녀가 한 돈 많은 사업가의 도움으로 변신하는 내용을 그리고 있다.

이처럼 한 사람의 열망이 다른 사람의 도움을 받아 실현되는 현상을 '피그말리온 효과'라고 한다. 이 말은 심리학이나 교육학에서도 널리 쓰인다고 한다. 경제학에서도 자기실현적인self-fulling 현상을 흔히 '피그말리온 효과'라고 부른다. 많은 사람이 어떻게 되리라고 바라면서 행동하면 실제로 기대했던 결과가 나타나는 현상이다.

예를 들어, 구조 조정기에도 많은 사람이 경제가 곧 회복되리라는 바람을 갖고 그 바람에 맞게 행동한다면, 실제로 경기회복이 이루어질 수도 있다. 우선 기업인들이 경기회복에 확신한다면 투자를 증대시킬 것이고 가계도 소비를 증대시킬 것이다. 증권시장에서도 투자자의 믿음 있는 행동이 중요하지 않은가.

피그말리온 효과는 결코 좋은 열망이 실현되는 경우에만 적용되는 것은 아니다. 오히려 구조 조정기에는 기업의 부도가 자기실현적인 현상으로 결정되어 버리는 예도 있다. 많은 투자가가 어떤 기업의 자금 사정이 나쁘다고 믿는다면 어떤 결과가 나타나는가? 자금을 회수하고 주식을 팔아치의 해당 기업의 신용과 자금 흐름이 갑자기 나빠지는 결과가 나타난다. 더 많은 사람이 이런 기대를 하고 행동할수록 그 기업은 어쩔 수 없이 부도가 날 수 있다. 이런 현상 역시 많은 사람의 바람대로 이루어져 버리는 자기실현적인 현상이다. 피그말리온이 좋은 결과만을 대상으로 한다면, 이런 경우는 역逆피그말리온 효과에 해당한다고 할 수 있다.

그래서 경제에서는 항상 시장의 신뢰가 중요하다. 사람의 심리적 요인이 중요한 것도 이러한 이유 때문이다. 불황이 계속되리라 믿고 행동하면, 경기는 더 위축될 수밖에 없지 않은가. 그러나 경기가 회복되고 기업실적도 좋아지리라는 확신을 하고 움직인다면 상황은 달라질 수 있다. 두 경우 모두 바라는 대로 이루어지는 자기실현의 피그말리온 효과가 나타나는 것이다.

10
해리포터의
기적

　세상에 얼마나 많은 사람이 돈에 웃고 돈에 우는가. 돈은 많으면 많은 대로 적으면 적은 대로 고통과 기쁨을 주는 마력을 갖고 있다. 세상에 돈처럼 변덕스러우면서 많은 일을 해내는 것은 없을 것이다. 또한, 아무에게나 지조 없이 흘러다니는 것도 많지 않으리라. 그래서 사람은 수단과 방법을 가리지 않고 돈을 벌려고 하는 모양이다. 우리나라의 '로또' 열풍은 그러한 심증의 표출이 아니겠는가.

　그러나 돈을 버는 것이 어디 쉬운 일인가. 누구는 여기저기서 대박이 터지는데 나만 피해서 다니는 일이 얼마나 많은가. 같은 직종에서도 슈퍼스타는 천문학적인 수입을 올리지만 평범한 스타의 생활은 오히려 보통 사람만도 못하다.

　2004년 골프황제 타이거 우즈는 랭킹 1위 자리를 비제이 싱에게 넘겨줘야 했다. 그러나 그 해 그가 벌어들인 수입은 오히려 싱보다 5배 많은

920억 원(약 8,937만 달러)에 달했다. 골프 투어에서는 비록 637만 달러를 버는 데 그쳤지만 11개 업체로부터 거액의 광고료를 받았던 것이다.

'해리포터의 작가'로 유명한 조앤 롤링도 어느 순간 문단의 슈퍼스타가 된 경우이다. 그녀는 무명작가에다 이혼녀였다. 정부로부터 지원받는 주당 70파운드로는 어린 딸의 우윳값을 대기에도 벅찼다. 허기진 배를 달래며 해리포터를 탄생시킨 것이다. 그녀는 해리포터 시리즈 덕분에 영국 여왕보다 더 부자가 됐다. 2011년까지 8권의 책을 펴내 자그마치 6억 2,000만 파운드(1조 960억 원)를 인세 및 각종 수입으로 받았다.

농구 스타 마이클 조든의 전성기에 수입도 빼놓을 수 없겠다. '움직이는 광고판'으로 불리던 시카고 불스의 조든이 1998년 한 해 동안 창출한 경제적 부가가치는 무려 1백억 달러다. 원화로는 11조 원에 달하는 경제적 부를 창출한 셈이다.

이런 슈퍼스타들의 천문학적인 수입은 과연 경제학적으로 어떻게 설명할 수 있을까? 일부에서는 대중매체의 상업주의가 만들어낸 왜곡 현상이라고 지적한다. 과연 그것만으로 모든 것을 설명할 수 있겠는가? 이것도 일종의 경제적 현상이니 타당한 설명이 있어야 할 것이다.

소득은 대개 자신의 능력, 자질, 노력, 시장 여건 등에 따라서 결정되므로 당연히 개인마다 차이가 있을 수 있다. 따라서 슈퍼스타가 그만큼 대단한 능력을 갖추고 있다고 볼 수도 있다. 그러나 과연 능력의 차이만으로 천문학적인 소득 격차를 설명할 수 있을까? 그렇게 많은 스포츠 선수 중에서 유독 슈퍼스타만이 몇천 배 몇만 배를 버는 이유가 어디에 있는가? 과연 능력의 차이가 그렇게도 큰 것인가.

물론 같은 직업 내에서도 어느 정도의 소득 차이는 있게 마련이다. 유능한 기술자는 평범한 기술자보다 더 받고 솜씨 좋은 목수나 수완 좋은 판매원도 상대적으로 많은 수입을 올린다. 교수나 의사도 능력 나름이고 경영자나 컴퓨터 프로그래머도 능력과 시장여건에 따라 소득의 차이가 나게 마련이다. 그러나 스포츠나 연예계처럼 격차가 그렇게 크게 나타나는 경우는 거의 없다.

그것은 슈퍼스타가 활동하는 세계에는 다른 시장과 구별되는 특성이 있기 때문이다. 첫째, 그 시장에서는 모든 소비자가 '최고'의 서비스를 '동시'에 원한다. 둘째는 바로 그 '최고'의 서비스를 소비자에게 '값싸게' 공급할 수 있어야 한다.

문화계와 스포츠는 이 두 가지 시장의 특성을 모두 갖추고 있다. 소비자가 특정한 '슈퍼스타'를 보고 싶어 하는 욕구를 방송과 정보통신의 기술로 언제 어디서나 값싸게 충족시켜 줄 수 있기 때문이다. 이와 달리 목수나 기사의 기술은 아무리 좋아도 동시에 모든 사람에게 서비스할 수도 없고 저렴하게 복사하여 공급할 수도 없다. 따라서 그 세계에서는 아무리 스타라고 해도 서비스할 수 있는 영역이 제한되어 있어 슈퍼스타가 탄생하지 못한다. 모든 사람이 그의 서비스를 원한다고 해도, 동시에 제공해줄 수 없다.

하루 2만 원에도 채 못 미치는 지원금으로 아이까지 키우며 해리포터 시리즈를 썼던 롤링은 지금 영국에서 가장 부유한 100인에 포함돼 있다. 그녀는 '작가가 부유해지면 좋은 글이 나오기 어렵다'는 속설을 깨려는 듯 지금도 전 세계 어린이들에게 꿈과 마법 이야기를 들려주고 있다. 롤링은 불치병으로 투병하는 어린이에게 전화해 책 내용을 알려주는 것으로 부활의 희망 노래도 들려주고 있다. 생계를 걱정하면서도 작가가 되겠다는 꿈을 절대 포기하지 않은 집념과 극한 환경에서도 이웃을 생각하는 따뜻한 마음이 해리포터라는 아이들의 우상을 만들어낸 것은 아닐까.

11
생각의
속도

학자들 간의 제한적 문서 교류로 시작된 인터넷이 이제는 모든 분야에 전혀 새로운 문화를 창출하고 있다. 경제도 예외가 아니다. 새로운 형태의 정보재information goods가 시장을 지배하고 있다. 시공을 초월한 사이버 공간에서의 상거래는 해가 갈수록 급속히 증가하고 있다. 골뱅이@나 인터넷망www으로 사업하는 기업은 이러한 상황에 힘입어 새로운 수익창출에 몰두하고 있다.

실제로 국내의 인터넷 사용자는 2011년 현재 전 국민의 76퍼센트에 해당하는 3,718만 명을 돌파하는 등 이용자 수로는 이미 성숙단계에 진입했다. 마우스를 잡지 못하는 아이 등을 제외한다면 거의 모든 국민이 인터넷을 즐긴다는 수치이기 때문이다.

인터넷 산업은 누구도 예측 못 하는 부문에서 예측하지 못하는 수준의 이익을 창출해 내고 있다. 한 연구 기관에 따르면 '검색' 시장 규모는

2004년 50억 달러에서 올해 70억 달러로 성장할 전망이다. 1년 동안 발송되는 이메일 수치 역시 2003년 1조 통에서 2010년에는 90조 통에 달한 것으로 추정되고 있다.

　이 무한한 세계에 어느 누군들 유혹을 받지 않겠는가. 이제 골뱅이를 모르는 세대는 언어 장애인이 되어버렸다. 명함에도 이메일 주소는 기본에 홈페이지, 페이스북, 트위터 계정 하나쯤은 적어놓아야 행세를 하는 시대가 되었다. 이런 변화에 386세대는 둘째치고 286에도 못 미치는 40대 이후의 세대들은 한숨만 내쉴 뿐이다. 전자 메일이라도 보낼 수 있는 사람은 나은 편이지만 아직도 컴퓨터를 장식용으로 바라보는 언어 장애의 기업인도 수없이 많지 않은가.

　인터넷 혁명은 경제에도 큰 충격을 불러오고 있다. 빌 게이츠의 '생각의 속도'를 따라갈 새로운 틀을 이해해야 하고 스티브 잡스와 같은 발상의 전환을 이해해야 하기 때문이다. 이런 이유로 혹자는 기존의 경제이론이 현실에 맞지 않는다고 비난하지만 아직은 '정보의 규칙'에서 베리안이 지적한 대로 "기술은 변화해도 경제 원리는 변치 않고 있다". 다만 인터넷 경제에서는 기존의 제조업 부문에 적용하기 어려웠던 기본 개념이 오히려 널리 활용되는 사례가 많아졌다는 사실만은 인정해야 한다. 따라서 저조업 중심의 이론보다는 사이버 공간에서의 활발한 거래에 대한 새로운 틀이 정립되어야 한다.

　인터넷 경제는 전자매체를 통해서 유통되는 '정보'를 기반으로 하므로 이를 이해하기 위해서는 정보재의 특성부터 파악해야 한다. 정보는 여러 개념으로 통용되고 있지만, 경제학에서 정보재는 전자 신호인 비트의 흐름으로 부호를 붙일 수 있는 디지털화가 가능한 모든 것을 말한다. 책과 그림은 기본이고 움직이고 소리 나는 것을 모두 디지털화할 수 있다. 정보재는 무궁무진하다. 동영상, 음성, 활자 등 정보재의 영역에서 제외되는 것이 거의 없을 정도이다. 고전에서부터 포르노와 실거래 시간의 주식정보에서 역사적 문헌에 이르기까지 생각할 수 있는 모든 것은 정보재로 바뀌고 있다.

정보재는 일반재와는 달리 생산비는 많이 들지만 복제하기 쉬운 특징이 있다. 수백억 원을 투입한 영화나 프로그램도 단 몇천 원으로 복사할 수 있지 않은가. 디지털 정보는 언제든 완벽하게 복사되어 전 세계로 공급될 수 있다. 즉, 인터넷 경제에서는 한 단위 더 추가로 생산하는 데 드는 한계비용이 무시할 만한 수준으로 저렴해졌다는 특징을 보인다. 인터넷망이 거대한 복사기로 변화될 수 있기 때문이다.

정보재는 복사가 쉬우므로 원가로 팔면 공급업체가 망할 수밖에 없다. 오히려 소비자가 평가하는 가치에 따라 가격을 결정해야 한다. 소비자마다 같은 정보를 평가하는 가치가 다르므로 당연히 가격 차별화가 많이 이루어져야 한다. 예를 들면 실시간의 증권 정보에는 높은 가격을 부과하고 주간 분석 정보에는 낮은 가격이 부과된다.

버전을 달리하여 가격을 차별화하기도 한다. 아무리 복사를 금지해도 그것은 거의 실현 불가능한 일이다. 따라서 인터넷 경제에서는 정보재의 보호에 역점을 두는 것보다 오히려 유통을 확산시키면서 재화 가치를 극대화하는 목표를 설정해야 한다.

한번 돌이켜보자. 비디오가 처음 등장했을 때 영화산업은 곧 쇠퇴할 것처럼 보였다. 영화 복제를 금지하는 법안도 나왔다. 그러나 지금 어떻게 되었는가. 할리우드 업계는 영화관보다 비디오 수입이 더 많지 않은가. 인터넷과 정보재도 이와 마찬가지이다. 온라인 제공업자들이 공짜로 그 많은 사람에게 계정을 나누어주는 이유는 무엇인가. 유통을 확산시켜 미래의 잠재가치를 높이려는 것이다.

세상이 변하는 속도만큼 재화나 시장구조의 성격도 빠르게 변하고 있다. 발상의 전환만이 이러한 변화를 설명할 수 있다. 정보재의 출현과 인터넷 시장의 실현은 우리에게 다시 한 번 빌 게이츠의 '생각의 속도'나 스마트 폰을 개발한 스티브 잡스를 곰곰이 생각해보게 한다.

12
메트칼프의
법칙

기다림은

만남을 목적으로 하지 않아도 좋다

가슴이 아프면

아픈 채로

바람이 불면

고개를 높이 쳐들면서

날리는 아득한 미소

……

홀로 선다는 건

가슴을 치며 우는 것보다

더 어렵지만

자신을 옭아맨 동아줄

그 아득한 끝에서 대롱이며

그래도 덜리

……

누군가를 열심히 갈구해도

……

결국은 홀로 살아간다는 걸

……

— 서정윤, 〈홀로서기〉

시상詩想의 메타포를 경제적 개념으로 전환하는 데는 다소 무리가 있
겠다. 하지만 만약 아무도 없는 곳에서 '홀로서기'로 살아간다면 무엇이
필요할까 생각해보자. 다니엘 디포가 그린 로빈슨 크루소의 무인도 생
활은 배에서 식량을 운반한 후, 집을 짓고 염소를 기르며 식량을 재배하
는 모습으로 이어진다. 그런 환경에서의 경제적 홀로서기는 의식주만
해결되면 행복할 수 있을 것이다. 자기 자신만의 절대적 평가가 소비의
만족도를 결정하는 셈이다.

그러나 서로가 같이 사는 세상에서 홀로서기는 그렇게 쉬운 일이 아
닌 것 같다. 특히 인터넷 경제에서는 내가 소비하는 것마저도 남의 영향

을 받게 된다. 소비를 통한 물질적 행복이 결코 나의 절대적 기준만으로 평가되지 않는다. 타인과의 상대적 비교가 만족의 척도가 될 수도 있고 남이 평가하는 상대적 가치가 더 중요할 때가 있기 때문이다. 그래서 남에게 과시하고 싶은 욕구도 생기고 크루소의 절대적 기준으로는 아무 쓸모 없는 재화가 귀중품으로 둔갑하기도 한다.

이런 현상은 정보 기술이 지배하는 디지털 경제에서는 더욱 심화 된다. 내가 가지고 있는 사유물이지만, 남이 사용해주지 않으면 무용지물이 되는 것도 있다. 예를 들면 아무리 좋은 휴대 전화나 팩스를 갖고 있어도 남들이 걸어주지 않으면 아무 소용이 없다. 산업 사회에서는 아무리 내 물건의 가치를 남들이 평가한다고 해도 나만이 쓸 수 있는 소비의 배타성이 부여되었다. 사유재를 개인이 사용하고 모든 편리함을 누리는 것은 너무도 당연한 현상이다. 그래서 금덩어리를 금고 속에 보관한 채 혼자서만 훔쳐보기도 하고 비자금을 냉장고나 사과 상자에 숨기는 경우도 발생했던 것이다.

그러나 네트워크로 연결되는 망 속에서 살아가는 인터넷 경제에서는 가치의 개념이 새롭게 변화하게 된다. 망을 사용하는 소비자가 많아질수록, 내가 소유한 소비재의 가치가 더 상승하고 망의 가치도 덩달아 크게 뛰는 현상이 나타난다. 소비재나 망의 가치가 절대성이나 상대성에 의해 결정되는 것이 아니라 완전히 외부요인에 의해 결정되는 것이다. 이것을 '네트워크의 외부성'이라고 한다. 망을 통해서 공급되는 각종 통신 서비스, 케이블, 콘텐츠 등은 모두 이러한 속성이 있다.

네트워크의 외부성은 흔히 인터넷 접속 모뎀인 이더넷Ethernet을 개발한 '메트칼프의 법칙'이라고 불린다. 네트워크를 사용하는 사람이 10명에서 100명으로 증가할 때 그 네트워크 작업의 총 가치는 100배나 증가한다는 것이다. 그래서 공급자들은 무료로라도 더 많은 가입자를 확보하는 데 총력을 기울인다.

컴퓨터의 연결망이 넓어질수록 호환성은 더욱 향상되고 정보 교환의 양이 대폭 늘어난다. 그렇게 되면 너도나도 많은 사람을 따라간다. 부익부 빈익빈 현상으로 대규모 공급자가 시장을 표준화시키면서 지배하는 결과를 가져온다. 디지털 경제의 무서운 시장 논리이다.

남들이 많이 쓰는 컴퓨터 프로그램을 사용해야만 호환성이 크다. 비디오 시장에서도 베타 방식보다는 VHS 방식의 소프트웨어가 널리 보급되어 소니가 실패했고 컴퓨터 시장에서는 애플의 매킨토시가 그러한 운명을 겪게 되었다. 시장에 가장 먼저 진입하여 최소한의 외부성을 확보할 수 있는 결정적인 임계수량critical mass을 먼저 확보하는 기업이 성공하게 되는 것이다.

홀로서기에 반하는 현상은 이제 사회 곳곳에서 그 예를 찾아볼 수 있다. 결혼을 위해 서로의 짝을 찾는 젊은 사람에게 만남의 기회를 제공해주는 회사들도 그런 경우이다. 회원을 많이 확보할수록 만남의 기회나 성사되는 확률도 높아지고 기업의 가치도 올라가게 된다. 그러나 인간관계에서보다도 소비의 홀로서기는 더욱 어려워지고 있는 듯하다. 디지털 경제를 지혜롭게 살아가기 위해서는 이혼율이 갈수록 높아져만 가는 사회적 현실 속에서도 소비만은 홀로서기와 역행해야만 할 것 같다.

13
살아봐야
안다

　한국의 이혼율이 선진국을 앞서 가고 있다. 통계청 발표로는 2010년 한 해 동안의 이혼 건수가 11만 7,000건에 달한다니 하루 평균 321쌍이 부부가 갈라진 셈이다. 인구 1,000명당 이혼건수도 2.3건에 이르고 있다.

　현재 한국의 이혼율이 OECD 국가 중 최상위 수준을 나타내고 있다. 특히 젊은 층의 이혼 증가율이 더욱 가파르다. 법원 조사결과에 따르면 2010년의 경우, 이혼소송을 낸 전체 부부 가운데 동거 4년 미만의 신혼 부부가 27.0퍼센트를 차지했다. 백년가약으로 검은 머리가 파 뿌리가 될 때까지 같이 살아야 했던 전통과 비교한다면 상당한 문화적 충격이 아닐 수 없다.

　대체로 경기 순환과 이혼율의 증가 추세를 보면 경제적 이유보다는 다른 이유가 있는 것 같다. 경기와 상관없이 이혼율은 지속해서 증가추세를 보이고 있음이 그 반증일 것이다. 서로에 대해 잘 알지 못하는 상태에서 결혼하여 도저히 받아들일 수 없는 그 '무엇'을 발견했기 때문이라 짐작된다. 그래서 사람의 진실한 가치도 결국은 경험해봐야 알 수 있다는 얘기가 된다.

이것은 결코 사람만이 가진 특성이 아니다. 디지털 경제에서는 재화나 용역도 한 번 사용해봐야 그 진가를 알 수 있는 정보재가 대부분이다. 그러한 재화를 경험재experience goods라고 한다. 대표적 정보재인 '프로그램'을 생각해보자. 아무리 좋다고 광고를 해도 소비자가 직접 사용하기 전에는 품질이 어느 정도인가를 도저히 짐작할 수 없다. 일단 사용해보아야만 진가를 알 수 있다. 그 이후에는 다른 것으로 바꾸지 못하고 그 제품의 충실한 고객이 된다. 실제 정보재는 거의 모두가 경험재이다.

합리적 소비자는 직접 '경험'하기 전에는 정보재를 쉽게 구매하지 않는다. 따라서 디지털 경제에서는 마케팅 전략도 달라져야 한다. 구매하기 전에 소비자가 충분히 '경험'할 수 있도록 무료표본을 나누어 주고 웹 사이트에 많은 내용을 올려놓는 등 정보재의 콘텐츠 일부를 아무런 조건 없이 무료로 제공하는 전략을 채택해야 한다.

경험재는 한 번 사용해서 맛을 들이면 계속 사용하게 되는 특징이 있다. 그 '경험'에 익숙해지면 그 재화와 유사한 제품의 수요도 같이 증가한다. 디즈니사의 〈라이언 킹〉 성공 이후 유사한 영화는 물론이고 캐릭터를 담은 유사한 정보재의 수요가 엄청나게 증가했다. 책은 두 번 읽기 어렵지만, 정보재로 공급되는 CD는 여러 차례 듣고 보게 되지 않는가. 경험재는 '보고 또 보고'하는 특성을 만들어주므로 소비자가 일단 경험하게 하는 것이 중요하다. 콘텐츠의 내용이 뉴스나 주식 정보이든, 또는 눈요기의 이미지든 간에 일단은 무료로 소비자를 경험하게 해야만 한다. 그래야만 디지털과 인터넷을 결합한 정보재가 성공할 수 있다. 물론 버전이 다른 '진짜'는 적기에 맞춰 유료로 공급해야 한다. 무료를 경험케 하여 소비자를 유인할 따름이다.

물론 경험재의 특성이 있지 않은 재화도 있다. 내용에 대한 설명이나 겉모습만 보아도 어느 정도 품질과 성능을 짐작할 수 있는 것도 많다. 이런 재화는 탐색재search goods라고 부른다. 탐색재의 대표적 사례는 컴퓨터이다. CPU 하드디스크의 용량만 알면 성능을 알 수 있다. 또한, 우편 주문하거나 조립해도 큰 문제가 없다. 대체로 제품의 성능을 많이 광고하는 상품은 탐색재에 해당한다.

따라서 소비자와 공급자가 하드웨어인 컴퓨터와 같은 방식으로 경험재인 '프로그램'을 매매하면 실패하기 쉽다. 경험재와 탐색재는 특성이 전혀 다르기 때문이다. 디지털 경제에서는 거의 모든 것이 정보재의 성격이므로 사람을 선택할 때와 같은 일상생활에서도 역시 정보재를 선택하듯이 살아가는 지혜가 필요하다. 디지털 경제를 살아가기 위한 새로운 발상의 전환이 필요한 때이다.

14
컬처노믹스
시대

"문이 열리네요. 그대가 들어오죠. 첫눈에 난 내 사람인 걸 알았죠. 나 오늘부터 그대를 사랑해도 될까요."

2004년 TV 드라마 〈파리의 연인〉에서 기주가 태영을 위로하며 부른 노래가 인터넷을 타고 또 하나의 신드롬을 만들었다. 재벌 2세 이혼남 (박신양, 한기주 역)과 묘한 매력으로 두 남자를 눈멀게 하는 씩씩한 처녀 (김정은, 강태영 역)의 사랑이야기를 다룬 〈파리의 연인〉이 선풍적인 인기를 끌었던 이유는 어디에 있을까? 너무나 통속적이지만 누구나 한 번쯤 꿈꾸던 신데렐라의 환상을 즐기는 것일까.

당시에 〈파리의 연인〉이 만들어낸 경제적 파급효과를 분석해 보면 놀랄 만하다. 이 노래 장면이 방영된 날은 해당 드라마의 인터넷 다시보기 (VOD)가 7만 2,000건이나 있었다고 한다. 원곡을 부른 듀오 '유리 상자'가 새삼 주목받았다. 휴대전화 컬러링에는 박신양의 육성이 담긴 〈사랑해도 될까요〉가 1주일 만에 3만 건이 넘게 다운로드 되어 모바일 음악 사이트에서 수위를 차지했다.

〈파리의 연인〉이 미치는 파문은 여기서 끝나지 않는다. 14회 방영분까지 인터넷 다시보기에서 무려 100만 건이 팔려 5억 원의 수입을 올렸다고 한다. 이런 현상은 파리의 연인만이 아니다. 2010년 초에 방영된 〈시크릿 가든〉도 광고 수익 82억 원 외에 국외판매 수익 50억 원을 비롯해 인터넷 매체를 통해 상당한 부대수입을 올린 것으로 알려졌다.

흑백 TV를 놓고 몇 가정이 모여 신기하게 보았던 시절을 생각해보자. 〈파리의 연인〉이나 〈시크릿 가든〉은 그저 동네 사람의 화제로 끝났을 것이다. 그 인기의 정도는 한정된 흑백 TV 또는 영화관의 숫자에서 벗어나지 못했을 것이다. 당시에 콘텐츠의 다운로드 '다시보기'와 컬러링 등을 누가 생각했겠는가. 그래서 예전에 많은 사람은 비디오가 나오자 영화는 완전히 사양길로 접어든다고 전망하였다. 비디오 복사가 가능하고 안방에서 볼 수 있기 때문에 유료 영화관에 가지 않는다는 것이다.

그러나 세상을 그렇게 전망한 사람은 IT 기술이 만들어낸 새로운 경제의 세계를 아직 이해하지 못했던 것이다. 영화는 극장 수입보다 비디오 판매로 더 호황을 누리고 있고 인터넷의 네트워크를 통해 〈파리의 연인〉이나 〈시크릿 가든〉과 같은 인기 드라마는 몇 번씩이나 확대재생산되고 있다. 물론 IT 기술과 네트워크 효과 때문에 발생하는 현상이다.

드라마나 영화처럼 전자 신호로 디지털화시킬 수 있는 상품을 정보재 information goods라고 부른다. 모든 동영상이 여기에 해당하며 영상은 물론 음성, 서적, 소프트웨어, 주식정보에 이르기까지 정보재는 빠른 속도로 늘어나고 있다. 정치인도 '노사모'나 '박사모'를 통해 디지털화되었다. 2004년 마이크로소프트사는 사람의 목에 칩을 붙이고 인체를 네트워크로 활용하는 기술을 발표했으니 인체마저 정보재로 둔갑할 날이 머지않은 것 같다.

정보재는 일반 상품과는 구별되는 몇 가지 특성이 있다. 우선 처음 제품 하나를 만든 후, 그것을 복사하는 데는 거의 비용이 들어가지 않는다. 드라마도 일단 인터넷 사이트에 올려놓기만 하면 몇 편을 내려받아도 추가 비용이 거의 소요되지 않는다. 따라서 많이 팔릴수록 얻게 되는 추가적인 수익이 자동차와 TV 같은 전통적 제품보다 빠른 속도로 늘어난다. 기계나 장비가 더 소요되지 않고, 한 번 전송할 때마다 추가되는 비용도 적기 때문이다. 이런 경제적 특성이 콘텐츠 사업을 지배한다.

네트워크를 통해 확산하는 것도 정보재의 특성이다. 팩스를 혼자서만 쓴다면 무슨 가치가 있겠는가. 보낼 곳도 없고 보내줄 곳도 없다. 네트워크의 규모가 작으면 정보재의 특성상 많은 사람에게 보급되기 어렵다. 한국은 세계에서도 가장 앞선 초고속 인터넷 네트워크가 구축되어 있다. 스마트 폰 가입자가 2,000만이나 되어 가히 세계적이다. 이 모두가 정보재의 가치를 높여 주는 기반이 되는 것이다.

포털 사이트를 운영하는 많은 기업이 회원 수를 적극 확대하는 것도 바로 이런 이유 때문이다. 회원을 위한 서비스도 확대하고 '한 시간 먼저 보기'도 운영하며 다양한 행사로 어떤 정보재가 화제가 되게 하는 것이다. 이런 과정을 거쳐 처음에는 관심이 없었던 소비자까지 끌어들인다. 일정 수준까지 화제를 만드는 데 성공하면 그 이후에는 저절로 네트워크 효과를 통해 대박을 터뜨릴 수 있다.

행여 순정 드라마까지 경제로 풀어쓴다고 힐난하지 말자. 이젠 드라마 하나도 인터넷 기반을 통해 엄청나게 큰 부가가치를 창출할 수 있다.

15
짝짓기와
홀로서기

피가로는 수잔과 결혼하고 싶었지만 알마비바 백작 때문에 많은 어려움을 겪게 된다. 백작은 끊임없이 수잔에게 '영주권領主權'을 행사하려고 시도한다. 피가로는 재치와 치밀한 공작을 통해 백작의 야심을 좌절시키고 수잔과 결혼에 성공한다. 백작은 정숙한 부인 로지나에게는 관심이 없고 틈만 있으면 한눈을 판다. 그러면서도 행여 부인이 다른 행동을 할까 봐 철저히 경계하고 감시한다.

피가로도 수잔을 의심하기는 마찬가지다. 그래서 마님인 백작부인과 몸종인 수잔은 신분을 초월하여 '남자'들을 원망하며 지낸다. 그녀들은 남편만을 기다리는 전통적인 여자의 표상이다. 백작은 전형적인 바람둥이 귀족이다. 사랑과 결혼, 남자의 바람기와 상류사회에 대한 풍자가 경쾌한 음악에 실려 있는 모차르트 오페라 〈피가로의 결혼〉 줄거리이다.

그 백작이 고전 속에만 존재하는 것은 아니다. 러브호텔이 곳곳에 난

립하는 것을 보면 현실에서도 수요가 많다는 얘기가 아닌가. 그 이면에는 백작이 있고 다른 한편에서는 그런 남편 때문에 속 태우는 백작부인도 수두룩할 것이다. 물론 결혼하기 전에도 여러 사람을 찾아 나서는 짝짓기 게임이 많은 것이 사실이다. 왜 그렇게 여러 파트너를 찾으려 하는 것일까? 앞서 설명한 한계효용의 체감이나 기회비용의 개념으로도 '체인징 파트너'를 설명할 수 있을 것이다.

그러나 프리드먼D. Friedman과 랜스버그S. E. Lansberg는 한 걸음 더 나아가 왜 남자가 여러 파트너를 찾는 경향이 더 많은가를 경제 모형으로 설명한다. 즉, 결혼과 성에도 시장이 있어서 가격과 비용을 통해 균형과 배분(?)이 이루어진다는 것이다. 특히 생물학적인 특성, 사회제도와 문화적 전통이라는 제약조건하에서는 '백작'의 외도비용이 부인보다 저렴하다는 것이다. 그래서 "남자는 여러 여인을 통해 한 가지 목적을 달성하려 하지만, 여자는 한 남성을 통해 여러 목적을 실현하려 한다"는 것이다.

백작의 그런 버릇이 어떤 인센티브에 의해 유발된 것이라면 쉽게 사라지지 않을 것이다. 왜냐하면, 시장은 항상 인센티브를 쫓아 움직이기 때문이다. 그러나 요즘 어디에 봉건 영주가 있고 마냥 기다리기만 하는 아내가 있는가. 불공평한 짝짓기 게임을 불러오는 사회제도가 문화적 유인은 많이 감소하고 있다. 더 나아가 아예 '홀로서기'를 시도하는 사람도 많아졌다.

처음부터 결혼에 따른 장기계약의 비용을 지급하지 않겠다는 생각이다. 계약조건을 암묵적으로 단순하게 고려하여 쉽게 만나고 헤어지는 사례도 부쩍 늘었다. 그래서 '홀로서기'와 가정의 해체현상은 이제 남의 얘기가 아닌 것 같다. 여성의 경제적 자립능력과 문명의 발달로 '홀로서기'의 비용이 많이 감소했다. 요즘 여성들은 직업은 필수지만 결혼은 선택이라고 달한다.

물론 성과 결혼이 어떻게 경제적 이유만으로 설명될 수 있겠는가. 짝짓기 게임에는 두 사람만의 독특한 진(gene, 유전자)이 작용한다. 그래서 사랑과 전쟁에서는 모든 것이 정당화될 수 있다. 경제학은 단지 이것을 목표를 달성하기 위한 행동의 하나로서 분석하는 것이다. 그렇다고 그 목표가 반드시 돈과 관련될 필요는 없다. 비록 경제학적 분석이 사랑과 성을 완전하게 설명할 수는 없어도 유용한 도구를 제공하는 것은 사실이다.

그렇다던 백작의 행동을 정당화시키는 도구인가? 반드시 그렇지는 않다. 오히려 세상에는 쌍방독점의 평생계약을 충실히 이행하는 부부가 많은 것을 보면 그것이 바로 최소의 비용으로 최대의 행복을 추구하는 첩경이라는 것을 실증적으로 보여주는 셈이다. 그 백작은 피가로보다 어리석었다.

16
버릇없는
개구쟁이의 정리

"가지 많은 나무에 바람 잘 날 없다"고 한다. 그래서 '무자식이 상팔자'라며 아이를 낳지 않는 가정도 많지만, 아이를 갖고 싶어서 애태우는 부부도 얼마나 많은가. 아이가 없으면 비록 몸은 편하다고 하지만 마음마저 편치는 못한 모양이다. 그래서 그 많은 희생을 감수하며 아이를 낳고 기르는 것일지 모른다. 우리는 단순히 종족보존이라는 생물학적 본능을 넘어 또 다른 그 무엇이 있기에 아이를 낳는 것일까. 경제학에서는 이를 어떻게 설명할까?

경제학에서는 모든 사람이 자신의 이익과 관련해 어떤 목표를 갖고 그것을 달성하기 위해 노력한다고 가정한다. 그러나 그 목표가 반드시 이기적일 필요는 없다. 세상에는 남들의 행복 때문에 즐거워하는 사람도 많다. 그들이 바로 이타주의적인 사람이다. 아이를 낳고 기르는 부모의 행태도 이 범주에 속한다고 볼 수 있다.

개구쟁이 사내아이를 기르는 부모를 예를 들어보자. 개구쟁이 사내아이는 누나를 발로 차는 나쁜 버릇을 갖고 있다. 만약 개구쟁이가 합리적이라면 발로 차서 얻게 되는 만족과 그에 따른 처벌로 잃게 되는 효용을 비교해서 행동할 것이다. 어린아이일수록 보상과 처벌에 민감한 법이다. 누나를 때릴 때마다 엄격한 처벌로 대처한다면 그 버릇은 쉽게 고칠 수 있을 것이다. 그러나 아이가 누나를 발로 참으로써 얻는 만족이 누나가 차임으로써 잃게 되는 효용보다 크다고 하자. 그러면 부모는 전체적인 효용이 증가하도록 행동할 것이므로 이를 묵인하게 된다. 따라서 아이의 나쁜 버릇은 계속되게 마련이다. 이때 아이는 부모의 이타주의 때문에 수혜자가 되는 것이다.

이렇게 되면 버릇없는 개구쟁이는 부모의 반응에 따라 자신의 행동을 '합리적'으로 조정하게 된다. 이것을 경제학에서는 '버릇없는 개구쟁이의 정리Rotten Kids Theorem'라고 한다. 이러한 일은 가정과 같이 어느 한 주체가 이타적으로 행동하는 특수한 상황에서 발생한다. 이타적 사랑 속에서 수혜자는 자신의 효용을 증대시키려 노력한다. 이타주의자를 믿고 행동하므로 그의 나쁜 버릇은 줄어들지 않는다. 희생적 이타주의에 편승하여 개구쟁이가 탄생하고 그의 행동규범이 결정되는 것이다. 그러나 이타즈의가 작용하지 않는 사회에서라면 이 정리는 적용되지 않게 된다. 따라서 버릇없는 개구쟁이도 더 얌전하게 행동함으로써 자신의 효용을 높이려 할 것이다.

하지만 가정과 같은 특수한 상황에서 부모는 자식을 보물단지보다 더 사랑하기 때문에 자식의 기쁨을 자신의 행복으로 여긴다. 따라서 자신의 이익(A)과 아이의 기쁨(B)을 동시에 달성해야만 부모의 효용이 증가한다. 그러나 아이가 자라면서 A와 B는 서로 상충하기 일쑤이고, 그때마다 보물단지가 아니라 애물단지의 고통을 체험하게 된다. 아무런 관계가 없다면 A만 추구하면 되지 않겠는가.

부부에게도 그대로 적용된다. 애처가인 남편은 이타주의적으로 행동하기 때문에 항상 아내의 목표에 자신을 맞춰준다. 이타주의와 사랑이 결합하여 가정이 화목하게 되는 것이다. 그래서 '버릇없는 개구쟁이의 정리'를 적용하면 돈 많은 연인보다는 사랑이 끌리는 매력적인 파트너가 더 오래간다고 한다. 재산보다 사랑이 더 오래가기 때문일까?

17
슈퍼스타로
가는 길

    손오공과 사오정이 치열한 경쟁을 뚫고 면접시험을 치르게 되었다. 초조한 사오정은 여느 때처럼 손오공에게 도움을 요청했다. 손오공은 우쭐거리며 알려주었다.

    "첫째 질문은 좋아하는 운동선수를 묻는 거야. 예전엔 차범근인데 지금은 박주영이라고 하면 돼. 둘째 질문은 역사 문제로 산업혁명이 언제 어디서 일어났느냐를 물을 거야. '17세기 영국'이라고 해. 마지막은 과학문제로 UFO의 존재를 믿느냐는 거야. 남들은 그렇게 말하지만, 과학적 논리성이 없어서 믿지 않는다고 해."

    드디어 사오정은 자신 있게 면접장으로 갔다. 근데 아뿔싸 긴장이 풀려 먼저 자신의 이름을 말하는 걸 잊었다. 그러자 첫 번째 질문.

    "이름이 어떻게 되지?" "옛날에는 차범근인데, 지금은 박주영입니다." "어 그래…… 그럼 언제 어디서 태어났는가?" "17세기 영국입니다."

알쏭달쏭한 표정으로 면접관이 다시 물었다.

"그래? 남들이 자네보고 좀 이상하다고 말하지 않는가?"

사오정은 안도의 한숨을 쉬며 대답했다.

"남들은 그렇다고 하지만 저는 과학적 논리성이 없어서 믿지 않습니다."

만약 손오공의 답안이 모든 수험생에게 명답이 될 수 있었다면 대단한 인기를 누렸을 것이다. 그러나 모든 사람에게 가치 있는 정보로서 공유될 수 없어서 단순한 유머로 회자되고 있다. 그 유머조차도 널리 유통되지 못한다면, 사람에게 아무런 효용도 증가시켜주지 못했을 것이다. 따라서 유머의 가치도 얼마나 쉽게 복사되어 얼마나 많은 사람에게 가치를 창출할 수 있느냐가 관건이다. 이 '복사력'과 '전파력'이라는 두 가지를 만족하게 하면 그 누구라도 슈퍼스타가 될 수 있는 필요조건을 갖추는 셈이다.

쉽게 복사될 수 있다는 것은 바로 한계비용이 낮다는 것을 말한다. 한계비용이란 재화나 용역을 하나 더 추가로 생산하는 비용이다. 따라서 한계비용이 낮으면 추가로 공급하는 비용이 적게 든다. 나아가 한계비용이 지속해서 감소하면, 결국 많이 생산할수록 단위당 평균비용이 저렴하다는 말이다.

다시 말하면 1,000개를 생산할 때보다 1만 개를 생산하는 단가가 더 싸게 된다. 이것을 '수확체증의 법칙'이라고 한다. 많이 생산할수록 비용이 적어지면, 이 시장에서는 대량 공급하는 대기업이 비용 면에서 절대적으로 유리하다. 적게 생산하는 다른 기업보다도 저렴한 생산비를 바탕으로 시장을 지배할 수 있기 때문이다.

물론 모든 재화와 서비스에서 수확체증이 나타나는 것은 아니다. 제조업에서는 일정한 생산규모를 초과하면 오히려 평균생산비가 증가하는 수확체감이 발생한다. 그만큼 제조업 제품은 슈퍼스타로서의 필요조건을 충족시키기가 어렵다.

그러나 디지털 경제에서는 초기 생산비는 비싸지만, 추가로 복사하는 한계비용이 저렴한 경우가 많다. 모든 종류의 CD가 그렇고 디자인, 로고, 프로그램, 정보를 담은 콘텐츠, 영화와 비디오 등이 모두 여기에 해당한다.

슈퍼스타의 둘째 조건은 동시에 많은 소비자에게 전파시키는 것이다. 따라서 많은 소비자에게 제품을 가장 빨리 효율적으로 보급 시킬 수 있는 매체가 필요하다. 디지털 세계에서는 그 매체가 바로 방송과 인터넷의 융합이다. 이 네트워크를 통해서 수많은 대중에게 보급할 수 있어야만 슈퍼스타가 탄생할 수 있다. 이런 이유로 타임워너와 AOL처럼 방송과 온라인 업체가 합병하고 이 업종 간에도 인터넷 사업자와 제휴하여 소비자와 연결되는 망을 넓히려고 한다. 우선 가입자가 많아야 무엇이든 할 수 있기 때문이다.

디지털의 세계에서는 시공을 초월한 가상 세계가 있기 때문에 위의 두 조건이 더욱 쉽게 만족한다. 따라서 슈퍼스타가 될 수 있는 그 무엇을 더욱 쉽게 개발할 수 있게 되었다.

드라마 〈겨울연가〉 하나로 3조 원의 경제적 가치를 창출했다는 평가를 받는 '욘사마(배용준)'와 같은 인기 캐릭터도 등장시킬 수 있을 것이다. 물론 필요조건 못지않게 많은 사람을 만족하게 하는 가치를 줄 수 있어야 한다. 경쟁의 세계에서는 하나의 슈퍼스타를 탄생시키기 위해 수없이 많은 유성이 사라진다는 사실도 잊어서는 안 될 것이다.

2장 장바구니 경제학

1
조조할인의
비밀

10여 년 전 여름 LA 공항에서의 일이다. 시카고로 가는 국내선을 타기 위해 출발 30분 전에 겨우 도착했다. 휴가철인데다 미국 경제의 호황으로 주요 항공편은 연일 만원을 이루었다. 여러 차례 예약을 재확인했지만 늦게 도착하여 노심초사하고 있었다. 그런데 아니나 다를까 체크인 카운터의 직원이 초과 예약 때문에 탑승권을 내주지 않고 기다리라고 한다. 드디어 출발 15분 전에 안내방송이 나왔다.

"유감스럽게도 예약이 초과하였습니다. 몇 분의 승객께 다음 편으로 양보를 부탁합니다. 먼저 2시간 뒤에 떠나는 항공편으로 가실 수 있는 분에게는 30달러의 보상권을 드리겠습니다."

가방을 멘 두 학생이 달려나갔다. 그래도 좌석이 모자랐던지 다시 안내방송이 나왔다.

"오늘 밤에 떠나실 수 있는 승객에게는 150달러를……"

그렇게 해서 다음 날 떠날 수 있는 사람에게 200달러를 제공하는 선에서 초과 예약은 쉽게 정리되었다. 멱살을 잡을 수 있는 험악한 상황을 돈으로 해결한 셈이다. 양보한 사람은 조금 늦긴 했어도 기분 좋게 절반 가격으로 시카고를 갈 수 있게 되었다. 나도 최종 순간에 마음이 약간 흔들렸지만, 이런 일에 익숙한 재빠른 사람을 당해낼 수 없었다. 계획된 일정을 바꿀 수 없는 사람은 비싼 여행을 할 수밖에 없다. 그야말로 시간이 돈 아닌가.

항공사는 대개 10퍼센트 내외의 초과 예약을 받는다. 확률적으로 나타나지 않는 비율을 계산한 결과이다. 그러다 예약한 사람이 모두 나타나면 항공사마다 좌석을 양보한 사람을 보상하는 BDC(Boarding Denied Compensation)를 실시한다. BDC는 결국 시간에 따라 차별화된 가격을 통해 제한된 자원을 서로 만족스럽게 배분하는 기구인 셈이다.

실제로 비행기 요금은 천차만별이다. 서비스가 서로 다른 일등석, 비즈니스석, 이코노미석의 요금이 크게 차이 나는 것은 당연하다. 하지만 같은 이코노미석에서도 언제 어디서 샀느냐에 따라 제각각이다. 가장 비싼 요금을 내는 사람은 아마도 공항에서 긴급하게 산 경우이겠지만, 어떤 때는 출발 직전의 공석이 가장 쌀 때도 있다.

여행사마다 요금이 다른 것은 물론이고 인터넷 구매도 각양각색이다. 출발시각, 체류 기간, 여행 구간 등 몇 가지 조건에 따라 요금은 상당히 차이가 난다. 9시와 10시에 출발하는 비행기가 각각 요금이 다를 때도 있다. 그래서 '보잉 747은 350여 명의 승객이 모두 다른 요금을 낸다'고 한다. 그렇다고 비싼 요금을 낸 승객이 안전하게 더 빨리 가는 것도 아니다. 같은 서비스를 받으면서도 서로 다른 요금을 내고 있다.

시간에 따른 가격 차이가 어디 비행기 요금뿐인가. 극장에는 오전 관객을 위해 조조할인이 있고 심야 전력 사용에 대해서는 할인 제도가 있다. 통신 서비스도 시간대에 따라 다르다. 기차 요금도 주말에는 비싸며 휴가철에는 호텔과 유원지의 요금이 껑충 뛰게 된다. 한여름에는 전기 요금에 한밤중에는 택시와 버스 요금에도 할증이 붙는다. 꼭 필요한 시간의 서비스일수록 더 높은 요금을 내게 된다.

이와 같은 재화나 서비스에 서로 다른 가격을 부과하는 것을 경제학에서는 '가격 차별화'라고 부른다. 물론 서로 다른 시간에 제공되는 서비스는 완전히 같은 서비스라고 할 수는 없을 것이다. 한밤중의 전기와 한낮의 전기는 비록 물리적 특성은 같을지라도 소비자의 측면에서는 완전히 다른 서비스나 다름없기 때문이다. 즉, 한밤과 한낮의 전기는 서로 대체될 수 없기 때문이다. 공급 비용과 판매가격의 비율도 정확히 계산해보면 당연히 큰 차이가 난다. 전력 회사는 수요가 많은 낮에 공급하는 전기에서 더 많은 이익을 얻으려 할 것이다.

영화도 마찬가지다. 극장 측에서 보면 오전이나 골든타임이나 영화 한 편을 상영하는 데 드는 비용은 같다. 그러나 아침 시간대에는 관객이 적기 때문에 값을 싸게 해서라도 비어 있는 자리를 메우는 것이 바람직하다. 이처럼 분주한 절정과 한가한 시간을 구별하여 요금을 다르게 책정하는 것이 이윤을 극대화할 수 있다. 물론 요금을 달리 책정해도 수요에 큰 변화가 없다면 가격을 차별화해야 할 이유가 없다. 가격을 달리할때 얼마나 많은 수요가 움직일 것인가에 따라서 차별화 전략이 결정되어야 한다.

똑같은 서비스를 서로 다른 가격에 받게 되니 불공평하다고 할 수도 있다. 과연 그러할까? 아니다. 오히려 경제적 효율성이 높아진다. 자, 가격 차별화의 비밀을 열어보자. 기업은 이익을 증대시킬 수 있고, 소비자는 저렴하게 인생을 즐길 수 있다.

2
가격 차별화와
탄력성

아침 신문에는 언제나 많은 광고지가 따라온다. 때로는 신문보다 광고지가 더 많은 날도 있다. 신장개업에서부터 학원, 피자, 사은 행사에 이르기까지 각양각색의 판촉물이 들어 있다. 그래도 가장 자주 보는 것은 아마도 백화점의 호화판 판촉광고가 아닐까 싶다. 계절마다 신상품 입하와 재고정리를 번갈아 하면서 비싼 아트지에 매혹적인 모델을 등장시킨다. 실제로 이런 광고는 상당한 위력을 발휘한다. 그래서 세일 때만 되면 백화점 주변의 교통이 마비되지 않는가.

그런데 오늘은 한 번 그 광고지를 자세히 살펴보자. 어떤 상품이 가장 많은가? 고급 의류와 외제 가구 등 중상위 계층을 목표로 하는 제품들이 대부분이지 않은지 확인해보자. 꼭 필요한 생활필수품은 거의 찾아볼 수 없다. 혹시 생필품이 포함된 경우에도 대부분 한정판매라는 꼬리표가 달려 있다. 중저가 제품도 대부분 물량이 한정되어 있게 마련이다.

백화점은 박리다매도 추구하지만, 적은 물량으로 많은 소비자를 유인하여 고정 고객을 확보하는 전략을 구사하기도 한다. 필요한 물건을 항상 세일하는 백화점은 없다. 그래서 선진국에서는 세일 품목이 매진되었을 때 추가공급이 이루어지는 대로 세일가격에 살 수 있게 해주는 레인 체크rain check를 발행해준다. 레인 체크가 없는 우리 현실에서는 선착순으로밖에 물건을 살 수 없다. 교통 혼잡은 당연한 결과이다.

그렇다면 생필품은 왜 백화점의 세일 리스트에 포함되지 않는가? 해답은 간단하다. 비싸도 살 수밖에 없는 물건을 싸게 팔아야 할 이유가 없기 때문이다. 오히려 식료품 같은 생필품은 집 근처의 대형 슈퍼에서 세일할 때가 잦다. 슈퍼에서도 채소, 고기, 채소 등의 가격을 차별화하여 손님을 유인하고 여타 값비싼 제품을 통해 충분한 중간이윤을 확보하는 전략이다. 물론 이 경우에는 고급 의류와 같은 50퍼센트의 세일을 기대할 수는 없다. 가격을 차별화해야 할 동기가 부여되지 않기 때문이다.

가격을 차별화하기 위해서 가장 먼저 고려해야 할 점은 가격변동이 매출에 주는 영향이다. 예를 들어 가격을 10퍼센트 인하했는데 수요가 10퍼센트 이상 증가한다면 가격을 인하해서 매출을 증가시킬 수 있다. 반대로 수요가 10퍼센트만큼 늘지 않았다면 가격 인하는 오히려 매출의 감소를 가져온다. 이처럼 가격변화가 수요에 미치는 영향을 '가격탄력성'이라고 한다. 옷값을 10퍼센트 변화시켰는데 수요가 10퍼센트 이상 변동했다고 하자. 그럼 이 옷의 수요는 가격에 탄력적이다. 반대로 수요의 변동률이 10퍼센트 이하이면 비탄력적이다. 탄력성이 크면 가격을 내려 매출을 늘릴 수 있으나 비탄력적이면 오히려 가격을 올려야만 매출을 늘릴 수 있다. 결국, 가격 차별화를 어떻게 실시할 것인가는 가격 탄력성에 따라서 달라진다.

유류와 식료품 등 생활필수품은 아무리 가격이 올라가도 수요가 많이 줄어들지 않기 때문에 비탄력적이다. 반대로 사치품은 가격이 비싸면 수요가 많이 감소한다. 참고 기다리고 있다가 가격이 인하되는 세일 기간에 사면 훨씬 이득이기 때문이다. 사치품은 가격탄력성이 큰 것이다. 따라서 이러한 제품은 세일 품목에도 자주 오른다.

수출과 내수시장을 생각해보자. 수출시장은 경쟁적이기 때문에 조그만 가격 인하에도 수요가 민감하게 변화한다. 경쟁기업보다 가격을 낮추면 매출을 크게 늘릴 수 있다. 하지만 반대로 인상하면 매출은 뚝 떨어진다. 즉, 매우 탄력적인 시장이다. 반면에 내수시장은 공급자가 많지 않아서 비탄력적이다. 가격이 비싸도 살 수밖에 없다. 그래서 기업은 수출은 싸게, 내수는 비싸게 받는 가격 차별화를 실시한다. 탄력성이 큰 시장에서는 싸게 팔고 탄력성이 적은 시장에서는 비싸게 판매하는 것이다.

영화관도 마찬가지다. 한가한 사람은 조조할인을 즐긴다. 시간에 쫓기는 사람은 요금이 비싸도 밤에 갈 수밖에 없다. 아침 시간은 탄력적이라서 싸고 저녁은 비탄력적이라서 비싸다. 과연 나의 소비행태는 어떠한가. 한 번쯤 탄력성을 생각하고 쇼핑을 즐기자. 소비자는 왕이 아닌가.

3
장바구니 물가와 소비자 물가지수

  아내는 주말이면 마트에 가는 습관이 있다. 서로가 아무리 바빠도 적어도 주말에 한 번쯤은 온 가족이 식탁에서 함께하기를 기대하기 때문이다. 오늘 장바구니에는 아이들이 좋아하는 스테이크용 안심, 꽃게 몇 마리, 제철을 맞은 사과 등이 담겨 있다. 김장에 대비하여 젓갈도 골랐다. 아이가 주문한 음료수도 몇 개 담았다. 그러나 아이들이 즐겨 찾는 품목들은 예외 없이 가격이 비싸기만 하다. 신세대 아이들의 입맛을 맞추기가 여간 어려운 게 아니다.

  실질적으로는 차이가 없는 것 같은데 가족들이 즐기는 품목들은 유난히 비싼 경우가 많다. 그래도 별수 있는가. 원치 않는 음식이 냉장고에서 낮잠 자는 것보다는 몇 배 나으니 원하는 것들을 사는 수밖에. 그렇게 해서 가득 채운 장바구니를 계산대에 올려놓으니 생각보다 훨씬 많은 금액이 나왔다. 지난주와 크게 달라진 게 없는 것 같은데……

대부분 주부가 경험하는 일상적인 현상이다. 장바구니 물가는 하루가 다르게 올라가는 것 같다. 그런데 정부가 발표하는 물가는 늘 안정적이라고 한다. 지난달보다 적어도 10퍼센트는 더 오른 것 같은데 소비자 물가지수는 겨우 0.3퍼센트 상승했다니 말이 되는가. 그래서 많은 주부는 정부의 물가통계를 불신한다. 비단 주부뿐만이 아니라 일반 소비자들도 물가통계는 체감물가보다 훨씬 낮다고 생각한다. 항상 낮게 발표되기 때문에 체감물가는 거기다가 몇 퍼센트를 더하면 된다고 믿는 국민도 많다. 스스로 경험의 법칙을 발견한 셈이다.

과연 그러한가? 물가지수가 소비자의 피부 물가를 반영하지 못하는 데는 몇 가지 이유가 있다. 첫째는 아내의 장바구니와 통계지표의 장바구니가 다르기 때문이다. 아내는 가족들이 즐겨 찾는 몇 개 품목만을 담는다. 하지만 통계청은 수없이 많은 품목을 반영해야 하므로 가계들의 소비 지출액을 기준으로 가중치를 주어 계산한다.

실제 통계청이 발표하는 소비자 물가지수에는 총 481개의 품목이 포함되어 있다. 그러나 주부는 장바구니에 이들 모두를 담지는 않는다. 또한, 가중치도 다르다. 실례를 들어보자. 콩나물은 소비자 물가지수에서 0.6/1,000의 가중치로 계산된다. 따라서 다른 물품의 가격은 같고 콩나물값만 20퍼센트 오른다면 통계상 소비자 물가는 단지 0.01퍼센트 상승에 그친다. 그러나 전체 10만 원 중에서 1만 원을 콩나물에 지출한 주부에게는 20퍼센트의 콩나물 가격상승이 1퍼센트($20 \times 1/10$)의 체감 물가 상승으로 나타난다.

품질의 차이에서도 체감지수가 달라진다. 통계지표에는 항상 대표품목의 물가를 반영한다. 소고기라면 보통 품질을 포함하는 것이다. 최고급 양질의 안심을 대상으로 하는 것이 아니다. 그러나 장바구니에는 가족들이 즐기는 대표적인 브랜드가 들어간다. 따라서 지표상 소고기 값이 안정되었어도 실제로는 그렇지 않다. 특히 가격 규제가 심한 시장에서는 대표 품목은 값을 묶어놓고 다른 품목은 더 올리는 경우가 많다. 그래서 짜장면과 삼선짜장면이 등장하지 않았는가.

소비자가 체감하는 '돈'의 한계효용에 따라서도 체감지수가 달라진다. 호황기에는 큰 폭의 물가상승도 너그럽게 받아들인다. 하지만 소득이 감소하는 불황기에는 조그만 변화에도 민감하게 느낀다. 소득이 감소할수록 돈이 그만큼 귀해지기 때문이다. 화폐의 한계효용이 커진다는 얘기가 된다. 이런 여러 가지 특성으로 물가지수는 체감물가와 괴리가 생길 수밖에 없다.

설령 통계지표가 장바구니 물가와 일치한다고 해도 아내의 마음을 사로잡기는 어려울 것이다. 모든 물가는 떨어지지 않고 올라가기만 하는 속성이 있기 때문이다.

4
소비와
국민소득의 관계

　여름철에는 어김없이 모기 때문에 고통을 당한다. 이제는 북쪽에서 내려오는 말라리아모기까지 걱정해야 한다. 더 큰 손해를 입게 될지도 모르겠다. 여름철에 우리를 괴롭히는 것은 모기뿐만이 아니다. 비가 많이 오면 수해를 걱정해야 하고 너무 적게 오면 가뭄피해를 걱정해야 한다. 연료 걱정까지 해야 하는 겨울도 사정은 마찬가지이다. 사계절을 즐길 수 있어서 좋은 때도 있지만, 기후변화가 적은 남태평양에서 사는 〈블루 라군〉의 브룩 실즈와 같은 생활이 부러울 때도 잦다.

　그럼에도 사계절로 바람 잘 날 없는 한국의 국민소득이 평생 모기 걱정 없는 타히티 섬보다 더 높게 평가된다는 사실만은 분명하다. 여름에는 모기 때문에 살충제를 만들어야 하고 겨울에는 추위로 에너지를 더 많이 소비하는 활동이 모두 국민소득을 증가시켜 주기 때문이다. 그림 같은 해변에서 상하常夏의 여유를 만끽하는 편이 훨씬 좋을 텐데 통계로 계측되는 소득은 더 낮게 평가된다는 얘기다. 그렇다면 국민소득은 국민의 후생이나 생활의 윤택함을 잘 나타낸다고 할 수 있을까? 왜 이런 괴리가 나타나는지 살펴보자.

국민소득은 국내총생산(GDP)을 인구수로 나눈 것이다. GDP는 일정 기간에 국내에서 거래된 최종생산물의 가치를 경상가격으로 합계한다. 경제학의 모든 '정의'가 그렇듯이 상당히 어려워 보이는 설명이지만 간략히 말하면 세 가지 요소로 설명된다. 즉 일정 기간의 국내 거래와 최종생산물, 경상가격이라는 표현이다. 여기에서 '국내'를 '국민'으로 바꾸면 국민총생산(GNP)이 된다. 하나는 지역중심으로 국내를 대상으로 하고 후자는 국적중심으로 평가하는 개념이다. 최근에는 GDP를 더 많이 사용한다.

'일정 기간 거래'는 통상 1년 동안 시장에서 거래된 재화와 용역을 말한다. 축적된 부와 국민소득이 다른 이유도 여기에 있다. 예를 들어 2011년의 GDP는 그 해의 생산을 포함할 뿐이다. 과거에 축적된 부를 고려하는 것은 아니다. 또한, 시장거래를 대상으로 하므로 시장화가 덜 된 나라의 국민소득은 저평가되게 마련이다. 예를 들면 김치를 담글 줄 모르는 젊은 세대는 시장에서 사기 때문에 국민소득을 증가시킨다. 즉, 같은 김치를 먹어도 부모세대보다 더 많은 국민소득을 창출하는 셈이다.

GDP는 경상가격이 기준이 되므로 물가가 올라가면 생활은 어려워져도 소득은 덩달아 올라간다. 달러 가치로 환산할 때 일단 국내가격으로 측정한 다음에 환율로 나누기 때문이다. 환율이 내려가면 역시 달러표시 국민소득은 상승한다. 환율 때문에 국민소득에도 인플레현상이 나타나는 셈이다. 한때 1만 달러 소득이 무너질까 봐 환율을 인상하지 못했다는 근거 없는 풍문의 이론적인 근거가 되는 셈이다. 공해를 배출하는 산업을 많이 유치해도, 환경과 관계없이 소득은 상승하게 된다.

이러한 특성 때문에 일부에서는 GDP를 국민총공해(GNP: Gross National Pollution)를 나타내는 지표라고 혹평하기도 한다. 따라서 국민후생을 제대로 파악하기 위해서는 생활의 질적 수준을 나타내는 국민후생지표(GNW: Gross National Welfare)를 만들어야만 한다. 이런 한계에도 계산과 국제비교의 편의성 때문에 아직도 많은 나라가 GDP를 더 많이 사용하고 있다.

GDP는 국민의 후생과는 거리가 있기 때문에 생활 수준을 나타내는 절대 지표로 받아들여서는 안 된다. 어떻게 삶의 질을 시장에서 거래된 생산물의 가치로만 비교할 수 있겠는가. GDP는 단지 국민경제의 총량과 성장추세를 개략적으로 측정하는 지표일 뿐이다. 비록 1인당 소득이 낮게 평가되더라도 윤택한 삶의 질이 보장된다면 누가 선택을 주저하겠는가?

5
레몬 시장

홍차나 생선 요리에 많이 사용되는 레몬은 인도 서부의 히말라야가 원산지이다. 원래 레몬은 가시가 있고 열매의 모양도 예쁘지 않아서 관상수로서는 인기가 없었다. 그러나 독특한 향내 덕분에 서구인들의 눈에 띄어 이탈리아를 거쳐 전 세계에 널리 보급되었다.

콜럼버스가 활약했던 시대에 동양으로부터 주로 수입된 것이 향료였다는 사실을 기억해보자. 그럼 레몬이 왜 그렇게 빨리 보급되었는가를 쉽게 이해할 수 있다. 그러나 독특한 향에도 레몬은 가장 맛없는 과일 중 하나로 낙인 찍혔다. 가장 가까운 대체재인 오렌지보다 쓰고 신맛이 강하며 당도가 떨어지니 어떻게 맛있는 과일로서 인기를 누릴 수 있겠는가.

이런 이유로 영어에서는 레몬을 성능과 품질이 조악한 저급 재화나 서비스를 지칭하는 단어로 쓰고 있다. 나아가 경제학에서는 그러한 저급 재화나 서비스가 거래되는 시장을 레몬 시장이라고 한다. 물론 벼룩 시장이나 다른 중고품 시장이 모두 여기에 해당하는 것은 아니다. 레몬 시장은 판매자와 구매자가 같은 정보를 공유하지 못할 때 형성된다.

중고차 거래를 예로 들어보자. 중고차를 구매하는 사람은 상당한 위험을 감수해야만 한다. 차의 성능, 과거의 주행 상태, 사고 여부에 대한 정보를 충분히 알지 못하기 때문이다. 그렇다고 모든 정보를 알고 있는 판매자가 가격에 부정적인 영향을 미칠 수 있는 내용을 공개하겠는가. 따라서 판매자와 구매자 사이에 차에 대한 정보가 공유되지 못한다. 차를 파는 사람만이 모든 것을 알고 있는 정보의 비대칭성이 형성된다. 이런 상황에서는 판매자가 차에 대한 부정적인 정보를 밝히지 않으면서 자신의 이익을 극대화하는 도덕적 해이에 빠지게 된다. 이것이 시장에 어떤 결과를 가져오겠는가?

먼저 자신이 운전하는 차의 성능이 아주 좋다고 생각하는 사람은 중고차 시장에서 매매하지 않으려 한다. 예를 들어 2002년식 소나타의 시장 가격이 300만 원이라고 하자. 자신의 차가 이보다 더 가치 있다고 평가하는 사람은 섣불리 매도하지 않는다. 잘해야 300만 원밖에 받지 못하니까. 그래서 시장에는 좋은 차가 공급되지 못하고 가치가 300만 원 이하인 저급 승용차만 등장한다. 그 시장에 나온 차의 실제 품질은 300만 원과 0원 사이에서 분포한다. 따라서 평균 거래 가격은 300만 원보다 훨씬 낮게 형성된다. 가격이 낮아질수록 중고차 시장에 공급되는 승용차의 품질은 더 떨어지게 될 것이다. 그렇게 해서 레몬 시장이 더욱 확고하게 형성된다. 좋은 차는 사라지고 좋지 않은 차만 등장하는 악화惡貨가 양화幣貨를 몰아내는 그레셤의 법칙이 지배하게 된다.

보험도 마찬가지다. 공급자인 보험회사보다 소비자인 보험 가입자가 자신의 신상에 관해서 더 많은 정보를 알고 있기 때문이다. 예를 들면, 화재보험은 화재 피해를 보상받기 위해서 가입한다. 대체로 보험에 가입하지 않으면 화재 예방을 위해 신경을 많이 쓴다. 그러나 일단 보험에 가입한 후에 종전보다 화재 예방에 신경을 쓰지 않는다면 이것 역시 도덕적 해이에 해당한다. 보험회사는 가입자가 화재 예방을 위해 얼마나 노력하는지를 알 수 없다. 가입자와 보험회사 간에 정보의 비대칭 현상이 발생하는 것이다.

나아가 평소에 화재에 철저히 대비하는 사람은 화재보험에 가입하지 않으려 한다. 오히려 피해의 가능성이 높은 사람만 보험에 가입한다. 오히려 피해의 가능성이 높은 사람만 보험에 가입한다. 그래서 보험에도 바람직한 가입자는 외면하고 위험도가 높은 사람만 찾아오는 레몬 시장이 형성되는 셈이다.

레몬 시장은 도덕적 해이와 정보의 비대칭성이 만들어내는 바람직하지 않은 결과이다. 따라서 경제 분야에서 양화는 구축되고 오히려 악화가 판을 치는 레몬 시장이 많이 형성되어 있다. 우리 사회도 도덕적 신뢰를 회복하고 모든 정보를 공유하여 레몬을 맛있는 귤로 바꾸어야 할 것이다.

6
왜 비싼가

사치스런 고급 옷은 비쌀수록 잘 팔린다고 한다. 옷의 가격을 신분의 상징으로 착각하는 부유층들에게는 그런 소비 행태가 당연할 수도 있으리라. 그러나 아무리 고소득층이라도 똑같은 옷을 더 비싸게 사려는 어리석은 사람은 없을 것이다. '비쌀수록 잘 팔린다는 옷'은 분명히 품목과 수량이 제한되어 있게 마련이다.

따라서 고급 의류상은 같은 제품을 좀처럼 두개 이상 진열하지 않는다. 선택을 제한해야 희소성이 높아지고 가격도 표준화된 기성복과 차별화시킬 수 있기 때문이다. 부유층에게는 소득이 늘어날수록 점차 돈의 가치가 떨어지므로 비싼 것도 주저 없이 사게 된다. 즉, 화폐의 한계효용이 체감하는 것이다.

이런 현상은 비단 의류에만 국한된 것은 아니다. 의료와 법률 서비스도 그렇고 등급별로 차별화하는 항공과 철도 등 교통 서비스도 마찬가지다. 생계비 마련도 어려운 저소득층은 심하게 아프지 않으면 병원에 가는 것을 주저한다. 그러나 부유층은 클레오파트라의 코를 숭상하여 성형외과를 망설임 없이 찾는다. 충치 치료와 치열 교정도 비슷한 경우이며 변호사를 찾는 행태에도 소득 계층별로 상당한 차이가 있다. 따라서 고소득층이 선호하는 서비스에는 가격을 차별화하여 비싸게 받는 현상이 나타난다.

물론 어떤 행태가 바람직하다는 기준은 있을 수 없다. 그것은 각자의 가치관에 따른 것이다. 있는 현상을 그대로 분석하는 경제학에서는 큰 문제가 되지 않는다. 소비자나 공급자나 모든 경제 주체가 자신의 주어진 여건에서 최대의 만족과 이익을 추구한 결과로 나타난 현상일 뿐이다. 따라서 공급자는 소비자의 이런 행태를 잘 활용해야만 이윤을 극대화할 수 있다. 고소득층이 선호하는 제품과 서비스에는 더 많은 중간이윤을 붙여 가격을 차별화해야만 한다. 서민층과 가격을 차별화해도 시장에서 수요가 발생하기 때문이다. 수요에 따라 공급을 하는 것이 기업의 본질적 속성이 아닌가.

그렇다면 얼마나 더 가격을 올려야 하는가. 그 해답은 소득 계층별로 수요가 어떻게 나타나는가에 달려 있다. 어떤 품목이나 서비스는 소득이 상승함에 따라 수요가 많이 늘어나지만, 소득 변화와는 거의 무관한 것도 많다. 예를 들면 소득이 증가함에도 곡물의 수요는 큰 변동이 없다. 하지만 육류의 소비는 많이 증가한다. 소득이 1퍼센트 증가할 때 수요가 몇 퍼센트나 늘어나는가를 경제학에서는 '소득 탄력성'이라고 한다. 다시 말하면, 소득의 변동률에 대한 수요의 변동률이다. 그 비율이 높으면, 소득 탄력성이 탄력적이라고 말한다. 따라서 탄력적인 경우는 소득이 1퍼센트 증가할 때 수요가 1퍼센트 늘어나게 된다. 고소득층이 즐기는 사치재는 소득 탄력성이 매우 높다.

소득 탄력성이 높은 재화나 서비스는 소득이 증가할수록 수요 자체도 늘어난다. 관광과 레저, 미용, 고급 승용차, 차별화된 서비스 등이 모두 여기에 속한다. 따라서 기업은 소득 계층에 따라 이런 품목의 가격을 차별화시키는 것이 당연하다. 수요자가 생각하고 지급하는 가격의 기준 자체가 높아지기 때문이다. 비용을 더 지급하더라도 고급스럽게 차별화된 서비스를 원하니까. 그래서 호텔 로비에는 오렌지 주스가 그렇게 비싸도 손님들이 항상 있으며 가격을 불문하고 유명 디자이너의 작품에는 수요가 있게 마련이다.

기본적으로 같은 서비스라도 1등급·2등급·3등급을 만들어 한 등급 올라갈수록 가격을 높게 책정한다. 그러나 수요는 더 높은 비율로 증가하여 결과적으로는 인상된 가격보다 훨씬 많은 중간이윤을 붙일 수 있게 된다.

소득이 늘어나서 '격'에 맞는 소비를 즐기는 사람은 이러한 차별화를 당연한 것으로 받아들여야 한다. 아니면 높은 소득 수준에도 '올챙이'적 시절을 생각하여 서민 수준의 서비스를 즐기는 옹고집 생활을 하든지. 어느 것이 더 좋은가? 그것은 각자의 마음에 달렸을 뿐 경제학자가 정할 일이 아니다. 다만, 클레오파트라의 코를 닮고 싶은 사람은 차별화된 가격을 감수해야 할 것이다.

7
부족의
경제

1970년대 구소련에서는 당시 서기장이었던 브레즈네프가 노벨 생물학상을 받아야 한다는 유머가 있었다. 그 이유는 '봄철에는 러시아 땅에 씨를 뿌리고 가을에는 미국과 캐나다에서 수확하기 때문'이었다. 이게 사실이라면 생물학상을 받을 만하다. 그러나 사실은 미국에서 '수확'한 것이 아니라 '수입'했던 것이다. 식량에 대한 수요는 꾸준히 유지되는 반면에 생산은 공동으로 이루어지니 만성적인 식량부족이 당연하지 않겠는가. 모든 사회주의권에서 공통으로 나타나는 현상이었다.

20세기 후반기에 많은 사회주의국가가 시장경제로 이행했다. 하지만 아직도 북한과 쿠바 같은 곳에서는 물자의 부족현상이 심각하다. 사회주의에서 시장경제로 이행하는 나라의 모습은 흔히 인상파 그림과 같다고 한다. 빛과 함께 시시각각으로 변화하는 자연의 모습을 주관적인 감각으로 그려냈던 인상주의 미술이 왜 이행경제에 비유되는가. 아마도 객관적인 현상보다 직관적으로 느껴지는 강렬한 색채현상을 중시하는 등 균형보다는 부조화의 파격이 닮았기 때문일 것이다.

실제로 캄보디아와 미얀마 등에는 아직도 사회주의의 암울했던 유산이 그대로 남아 있다. 중앙아시아를 비롯해 시장경제로 이행하는 나라들을 가보면 이런 현상이 곳곳에 눈에 띈다. 물론 동구東歐는 벌써 많은 부분이 시장화됐다. 그들이 원하는 대로 중구中歐로 탈바꿈했다. 하지만 일부 중앙아시아 국가에서는 인상파에서 강조할 수 있는 부분이 적은 편이다.

이런 나라에서는 시장가격이 제멋대로 움직인다. 상점마다 가격이 천차만별이고 제품마다 가격변동의 폭도 큰 차이가 있다. 시장이 제대로 형성되지 않은 탓도 있고 계획경제 시절의 배급가격이 잠재적으로 남아 있기 때문이기도 하다. 그러나 핵심적인 요인은 재화의 공급수준이다. 공급이 풍요로운 사회와 물자가 부족한 사회에서는 가격 차별화의 행태가 전혀 다른 방향으로 나타난다.

담배의 예를 살펴보자. 흡연을 즐기는 골초들이 중앙아시아를 갈 때는 미리 여러 갑을 준비해야 한다. 만약 모자랄 때 한 상자를 사지 말고 한 갑씩 사야만 싸게 살 수 있다. 부족하여서 열 갑을 사려면 프리미엄을 주어야 하기 때문이다. 그러나 풍요로운 경제에서는 그렇지 않다. 담배도 많이 살수록 단가가 더 싸지게 된다. 그래서 한꺼번에 많이 사는 것이 좋다.

이런 현상은 물론 담배뿐만이 아니다. 재화가 충분히 공급되는 시장에서는 다량 구매자에게 단가를 낮추는 가격 차별화를 실시한다. 높은 가격으로 적게 파는 것보다 박리다매가 오히려 이윤을 증대시킬 수 있기 때문이다. 일부 할인매장에서는 아예 소량은 팔지 않고 대량 패키지로만 판매하기도 한다. 라면, 휴지, 치약 등 한꺼번에 많이 사용할 수 없는 생필품까지도 다량으로 묶어 판매한다. 몇 개 이상 사는 고객에게만 더 할인해준다.

그러나 부족한 사회에서는 가격 차별화가 반대방향으로 나타난다. 구하기가 어려우니 많이 가져갈수록 더 비싸게 사야 한다. 물자가 부족했던 사회주의권에서 많이 나타났던 현상이다. 배급제를 시행하면 항상 규제가격보다 더 높은 웃돈이 붙는다. 그래서 사회주의권의 공식물가는 몇 년 동안 변함없지만 체감물가는 절대 그렇지 않았다.

물론 이런 현상이 시장경제에 전혀 없는 것은 아니다. 전기료와 수도 요금은 사용량에 따라 체증한다. 전기료는 여름철엔 할증제를 적용하지만, 한밤중에는 심야 할인제를 적용한다. 부족할 때는 절약하게 하고 풍요로울 때는 많이 쓰게 하여 효율적인 자원배분을 유도한다.

가격 차별화는 부족한 경제에서는 대량 구입자가 더 많이 지급하지만 풍요로운 사회에서는 반대로 더 싸게 산다. 그래서 풍요로운 시장경제에서는 부익부 빈익빈을 유발하는 병폐가 숨어 있는 것일까.

8
중국 마늘과
포르투갈 포도주

고등교육을 받았다고 반드시 부자가 되는 것은 아니다. 그러나 대학을 다니지 않고서도 세계적인 학자가 되었다면 그것은 상당히 놀랄 만한 일이다. 경제학자 리카도D. Ricardo가 바로 그런 인물이다. 그는 1772년 런던에서 주식 중개인의 아들로 태어나 겨우 14세까지 정상교육을 받았을 뿐이다. 그 이후로는 온종일 일터로 내몰렸다. 그뿐만이 아니다. 21세에는 퀘이커 교도인 프리실라와 결혼을 고집하여 아버지와 불화를 일으킨 후 자수성가의 길로 들어섰다. 그때부터 리카도는 이재理財에 천부적인 능력을 발휘했다. 불과 몇 년 만에 당시 가격으로 80만 파운드의 재산을 가진 거부가 된 것이다.

그러나 리카도의 천재성은 오히려 백만장자의 꿈이 이루어진 다음에 나타났다. 휴양지에서 우연히 애덤 스미스의 《국부론》에 심취된 것을 계기로 경제학의 고전인 '정치경제학과 조세의 원리'를 저술했기 때문이다. 경제이론은 휴양지에서 즐기는 에세이가 아니다. 따라서 실전(?)을 바탕으로 한 그의 천재성을 강조할 수밖에 없다.

그의 대표적 업적은 '포르투갈의 포도주'로부터 시작된다. 한마디로 영국은 생산비가 상대적으로 비싼 포도주의 국내 생산을 고집하지 말고 수입에 의존하라는 것이다. 대신 생산비가 저렴한 직물을 수출하여 포르투갈의 포도주와 교환하면 국민 후생이 증대된다는 것이다. 마치 우리가 휴대전화를 중국에 수출하고 대신 마늘을 수입해야 한다는 논리와 같다. 중국산 마늘 때문에 터진 몇 년 전의 무역 분규는 이미 200여 년 전에 해답이 나왔던 셈이다.

왜 그러한가? 그의 이론을 쉽게 풀어보자. 영국에서는 직물 1마와 포도주 1병에 각각 10단위와 15단위만큼의 생산요소가 소요되고 포르투갈에서는 직물보다 포도주가 더 싸게 생산되어 각각 10단위와 5단위의 요소가 필요하다고 하자. 이때 생산요소란 생산에 투입되는 노동과 자본 등을 말한다.

이제 영국이 포도주 1병을 포기하면 생산요소 15가 절약된다. 이것으로 1.5마의 직물을 추가로 생산할 수 있다. 그중 직물 1마를 포르투갈에 수출하면 포도주 2병을 수입할 수 있다. 포르투갈에서는 직물과 포도주가 1:2로 교환되기 때문이다. 그러면 영국은 같은 생산비로 포도주 1병과 직물 0.5마를 더 얻게 된다. 영국에는 당연히 이익이 되지 않는가. 같은 원리로 포르투갈도 포도주를 수출하고 직물을 수입하면서 이익을 증대시킬 수 있다. 누이 좋고 매부 좋은 격이다.

이렇게 되면 양국이 모두 생산요소를 절약하면서 후생이 증가하는 결과를 갖게 된다. 영국은 직물, 포르투갈은 포도주에 비교우위를 갖고 있다. 물론 절대 생산비를 기준으로 얘기하면 영국은 두 품목 모두 유리하지 않다. 그러나 상대적인 생산비를 고려하면 교환을 통해 이익을 얻을 수 있는 재화가 나타난다. 이것이 바로 비교생산비 또는 비교우위론의 핵심이다. 왜 자유무역이 유리한가를 설명하는 고전이론이다.

당시 영국은 '곡물법'을 통해 농산물을 보호하여 박토까지 경작이 확대되어 생산비가 크게 뛰었다. 또한, 나폴레옹의 대륙 봉쇄로 곡물가격은 폭등했다. 이런 와중에서도 농산물 수입은 어불성설이었다.

역사는 되풀이되는가. 중국산 마늘 수입 파동 당시 한국은 마늘 농가를 보호하기 위해 관세를 10배 이상 인상했다. 중국은 한국산 휴대전화를 수입 금지하는 보복조치를 단행했다. 마늘 수입 1,500만 달러를 규제하려다 5억 달러를 보복당한 것이다. 한국이 세이프가드 조치를 사실상 해제함으로써 문제는 일단락되었다. 하지만 중국산 마늘은 포르투갈의 포도주와 다를 바 없다. 천재 거부가 제시한 그 비밀은 아직도 살아 있다.

9
정부와 소비자,
누가 더 합리적인가

오래전, 막내의 중학교 졸업식에서의 일이다. 막내는 정든 교정을 떠나는 아쉬움은 찾아보기 어려웠고 며칠째 선물 타령만 했다. 아이는 졸업과 입학은 물론 생일까지 겹쳐 하루에도 몇 번씩 선물 리스트를 수정해왔다. 물론 그 리스트는 항상 엄마와 큰 차이가 있었다. 무엇을 사느냐도 문제지만, 구매방법도 서로 동상이몽이다.

엄마는 직접 데리고 가서 사야 한다고 하는데 아이는 이제 선물대금을 직접 달라는 것이다. 엄마는 제대로 살 수 있을지, 바가지나 쓰지 않을지, 제멋대로 써버리지 않을지 걱정이다. 아이는 아이대로 엄마랑 가면 원하는 것들을 마음대로 살 수 없다고 불평한다. 엄마는 아이를 믿어보는 게 좋을지, 아직도 물건을 직접 사주어야 할지 며칠째 그 숙제를 풀지 못했다.

그러나 드디어 졸업식 당일 두 사람의 대타협이 성공을 거두었다. 선물대금을 일단 아이에게 주고 엄마는 그저 따라만 다니기로 한 것이다. 그런데 놀랍게도 아이는 기대 이상으로 제대로 쓰더라는 것이다. 그렇다면 이제 저 법 성숙한 것 아닌가. 아니면 졸업식 날에만 생긴 이변일까?

엄마와 아이의 이러한 고민은 정부와 국민의 관계에서도 나타난다. 침체한 경기를 살리기 위해 정부가 지출을 늘리느냐, 아니면 세금을 감면해 주느냐도 바로 이런 논쟁이다. 전자는 예산의 조기 집행과 같이 재정지출을 통해 정부가 직접 소비를 늘리는 것이다. 아이를 믿지 못하는 부모가 직접 선물을 사다 주는 것처럼 정부가 가부장 역할을 하는 셈이다. 국민을 대신해 정부가 스스로 선정한 사업에 쓰는 것이다. 정부 개입이 많은 우리나라에서는 당연히 이 정책을 선호한다. 반면 세금을 감면시켜 국민의 소득을 늘려주고 국민이 직접 소비하게 할 수도 있다. 물론 두 경우 모두 적자재정으로 간다. 그러나 효과 면에서는 어떻게 다를까?

정부나 국민이 소비하는 액수가 같다면 큰 차이가 나지 않는다고 생각할 수 있다. 그러나 실제로 두 정책은 지출규모가 같지도 않고 지출과정과 품도이 달라서 효과도 다르게 나타난다. 미국을 비롯한 선진국의 경험에 의하면 재정지출 확대보다는 세금 감면이 더 경기를 부양시키는 효과가 있다. 감세는 특히 중산층의 소득을 증가시켜 소비지출을 증대시키고 기업인들의 투자의욕을 높여주었기 때문이다. 이 결과 경기가 회복되고 정부의 세수가 증가하기까지 했다. 감세가 오히려 재정적자를 줄여준 셈이다.

그러나 정부의 재정지출확대는 정치적 목적을 달성하기 위해 선심 위

주로 사용되기 쉽고 집행과정에 누수가 많아 비효율적이다. 경제논리와는 상관없이 특혜논란을 불러올 수도 있다. 정부지출이 민간의 투자로 대체시켜버리고 소비를 위축시키는 경우도 나타난다. 이런 이유로 일본에서도 1990년대의 '잃어버린 10년' 동안 재정적자만 엄청나게 확대되었을 뿐 경기부양에 실패한 경험이 있다.

물론 감세정책은 재정지출보다 약효가 늦게 나타나고 국민이 절약만하여 소비지출이 증가하지 않을 수도 있다. 그렇게 되면 감세정책 역시재정적자만 확대하고 실패로 끝날 수도 있다. 아이를 둔 부모처럼 정부가 감세의 결과에 대해 노심초사하게 할 수도 있다. 그럼에도 실증적 결과는 정부보다 국민이 직접 지출하는 것이 더 효율적이었다. 국민은 더는 철없는 아이가 아닌 것 같다. 우리도 구조 조정기에 경기침체가 더심화하면 감세정책을 적극 고려해야 한다.

10
변화의
바람

자유무역이 결과적으로 경제를 부강하게 만든다는 칼럼을 쓴 뒤, 한 독자로부터 긴 편지를 받았다. FTA(자유무역협정)로 요약되는 자유무역에는 혜택을 보는 산업이 있을 수 있지만, 상대적으로 경쟁력이 낙후된 산업에는 많은 어려움이 예상된다.

그는 자신이 처한 사정을 하소연했다.

"교수님, 포르투갈의 포도주와 중국산 마늘에 관한 얘기 잘 읽었습니다. 그러나 비록 자수성가하여 백만장자가 된 대가(리카도)가 200년 전에 밝혀낸 경제원리라 할지라도 우리 농촌에는 적용하기 어려운 논리 같습니다. 값싼 중국산 마늘 수입으로 입게 되는 농가의 엄청난 피해는 누가 감당해야 합니까? 그런 논리라면 과연 우리가 생산할 수 있는 농산물이 어디 있겠습니까? 생산비가 비싼 것은 모두 포기해야 한다면, 우리 경제는 몇 개 산업밖에 남지 않을 것 같습니다. 그래도 비교우위의 논리를 따라가야 하는지요?"

한여름을 뙤약볕의 농촌에서 보내고 있다는 그 대학생은 중국산 마늘 사례의 '비교우위'가 농촌사정을 너무 도외시한다고 얘기했다. 젊은이를 찾아보기조차 어려운 농촌의 현실을 고려하면 편지 자체가 상당한 감동을 안겨주었다.

편지의 행간에는 급속히 변해버린 농촌의 모습도 서려 있었다. 밀과 보리밭은 사라진 지 오래다. 원두막에서 지키던 참외밭은 큰 규모의 비닐하우스로 논은 밭으로 바뀌어 채소와 과일이 재배되고 있었다. 글에는 이 상전벽해桑田碧海의 농촌에서 고생하는 젊은이의 충정衷情이 가득 담겨 있었다.

비교우위의 논리도 당연하지만, 편지의 질문도 수입과 개방을 걱정하는 보통의 시각을 잘 대변하고 있다. 생산비가 많이 들어 경쟁력이 없는 산업을 모두 포기해야 한다면 국내 산업의 공동화를 걱정해야 하지 않겠는가?

그러나 '욘사마'로 유명한 일본의 한류 열풍을 보노라면 개방에 대한 시각을 좀 고쳐 잡아도 될 듯싶다. 양국의 문화 개방이 논의될 무렵을 떠올려 보자. 그 당시 일본은 문화 개방에 적극적이었고 한국은 대단히 소극적인 자세로 협상에 임했다. 많은 예술인이 일본 문화가 유입돼 한국의 문화를 흡수하는 상황을 가정하며 '결사반대'를 외치기도 했다. 그러나 결과는 정반대로 나타났다. 일본에는 한류 바람이 거세게 일었다. 상대적으로 한국에서 성공한 일본 문화 산업은 찾아보기 어려울 지경이다.

한-칠레 FTA는 어떠한가? FTA 타결이 곧 농촌의 몰락이라고 부정적 견해를 견지하던 목소리가 무색할 만큼 개방은 점진적·보완적으로 진행됐으며 농촌의 피해도 예상과는 달랐다. 칠레산 수입 농산물 대부분 10년에 걸쳐 관세가 철폐될 예정이기 때문이다. 2004년은 한-칠레 FTA 발효로 직격탄을 맞을 것으로 우려됐던 포도와 복숭아 등은 오히려 수입량이 줄었거나 아예 수입이 없었다. 오히려 칠레를 교두보 삼아 남미에 진출하려는 우리 상품에 대한 장밋빛 전망이 나오고 있지 않은가.

2012년부터 발효되는 한-미 FTA도 우리 경제 전반에 큰 도움이 될 것이다. 특히 미국으로부터의 수입보다 수출이 절대적으로 많은 우리 현실에서 미국시장이 열린다면 당연히 경제적 이득이 크지 않겠는가. 물론 아직 해결하지 못한 어려운 숙제도 많이 남아 있다. 경쟁력이 뒤처진 농업을 어떻게 할 것인가? 생산비가 많이 들어 경쟁력이 취약한 열위 산업을 어떻게 처리해야 하는가.

앞서 살펴봤던 사례에서 보자면, 중국의 싼 마늘을 수입하지 않고 국내에서 생산한다면, 누군가 그 비용을 지급해야 한다. 경제에는 공짜 점심이 없다. 소비자가 비싸게 사거나 정부가 세금으로 보조해야 한다. 그것 때문에 경쟁력 있는 휴대전화의 수출 길도 막힌다면 큰 손해가 아닌가.

그렇다면 마늘은 어떻게 해야 하는가? 결론은 둘 중의 하나다. 생산비를 낮추어 비교우위를 갖게 하거나 다른 작물로 바꿔야 한다. 그 기간의 피해는 누군가 보상해야 한다. 마늘을 수입한 대가로 휴대전화 수출에서 얻는 이익이 크기 때문에 보조금의 당위성은 충분히 성립한다. 식량

안보와 같은 특정한 목적 때문에 국내 생산이 꼭 필요한 경우도 마찬가지다. 그러나 장기적으로는 생산비를 낮추는 노력을 병행해야 한다. 대량생산, 신농법과 신품종의 개발, 조세혜택 등 여러 대책을 생각할 수 있다. 이런 대책도 희망이 없다면 품목을 바꾸는 생산구조의 조정을 서둘러야 한다. 이런 현상은 농업뿐만 아니라 모든 산업에 공통으로 나타난다.

비교우위 칼럼을 읽고 장문의 편지를 보낸 독자의 농촌 사랑에는 공감하는 바가 많았다. 하지만 모든 해결책은 변화를 인정하는 자세에서부터 찾을 수 있다. 변화의 바람이 지향하는 바를 분명하게 이해하지 못한다면 경쟁 열위에서 벗어나기란 요원한 일이 될 것이다.

11
이미자와
소녀시대

체제는 달라도 문화적 취향은 비슷할 수 있을까? 2001년 북한의 김정일 국방위원장은 가수 이미자와 김연자 등을 북한에 초청에 공연을 관람했다. 사회주의 국가인 북한에서도 이미자의 인기가 많은 모양이다. 하기야 한국 사람치고 그 나이에 〈동백 아가씨〉를 못 부르는 사람이 어디 있겠는가? 1960년대 1년에 10만 장의 음반이 팔리면서 '헤일 수 없이 수많은 밤'이 히트하였다. 그도 평범한 한국인의 정서를 갖고 있었던 것 같다.

하지만 고故 김정일 국방위원장도 서울의 노래방에서는 별로 환영받지 못할 것 같다. 트로트와 함께 남진과 김세레나 등을 좋아한다니 모두 흘러간 노래만 즐기기 때문이다. 잔잔한 음악을 즐겼던 통기타의 '쉰' 세대가 빠르고 요란한 N세대 노래를 따라가지 못하는 것과 다를 바 없다. 물론 나이에 걸맞지 않게 최신곡을 애창하는 사람도 있긴 하다. 하지만 세대마다 애창곡은 확연히 구별되지 않는가. 50대가 어떻게 힙합과 랩을 흉내 내며 아이돌들의 노래를 부르겠는가.

실제 인기곡처럼 시대를 확연히 구별하며 빠르게 변화하는 것도 많지 않은 것 같다. 1960년대에는 이미자나 나훈아의 트로트가 유행했다. 1970년대에는 송창식, 양희은 등의 포크송이 인기를 누렸다. 1990년대에는 발라드를 거쳐 랩, 힙합과 최근의 테크노에 이르기까지 다양한 장르의 곡들이 등장하였고 최근에는 아이돌 그룹이 가요계를 장악하고 있다.

그동안 우리 산업의 비교우위도 유행가처럼 빠르게 변화했다. 〈동백 아가씨〉 시절에는 노동력이 자본보다 풍부하여 노동을 많이 투입하는 섬유, 가발, 전자부품 등에 비교우위를 갖고 있었다. 그러나 조용필, 김건모 세대에 와서는 경제발전의 덕택으로 자본은 풍부하고 오히려 노동력이 부족한 상황으로 바뀌었다.

김건모 세대들은 궂은일은 피하고 이것저것 따지는 게 많아졌다. 그러다 보니 임금도 크게 상승하여 다른 개도국에 노동집약적 산업을 물려줄 수밖에 없게 되었다. 노동이 많이 투입되던 산업들이 비교우위를 잃게 된 것이다.

이에 따라 기업은 공장을 중국 등 국외로 이전했고 국내에서는 고용 규모를 감축하는 경향이 나타났다. 비교우위가 노동이 많이 투입되는 산업에서 자본 집약적인 분야로 바뀐 것이다. 전자, 자동차, 조선, 철강 등 현재 우리 경제의 핵심인 산업인 중화학공업이 바로 이런 분야가 된다. 이처럼 시대에 따라 경쟁 환경이 바뀌는 현상을 '비교우위의 동태적 변화'라고 브른다. 젊은이들 사이에 인기가 많다는 소녀시대의 팬들이 〈동백 아가씨〉에 익숙지 않은 것처럼 비교우위의 변화에도 옛 산업을 고집하면 경쟁력을 상실하게 된다. 노동집약적 산업은 다른 나라에서 다 값싸게 생산할 수 있기 때문이다.

비교우위의 동태적 변화를 가져오는 요소는 자원과 기술이다. 경제가 발전할수록 임금은 상대적으로 오르고 자본은 풍부해지게 마련이다. 또한, 기술이 발전할수록 사람보다 신기술에 의존하는 산업이 더 많아진다. 노동력코다는 자본이, 자본보다는 기술이 더 많은 부가가치를 창출하기 때문에 비교우위는 동태적으로 변화하는 것이다.

우리 경제는 현재 자본 중심에서 기술과 지식 집약적 산업으로 변화를 시도하고 있다. 이런 동태적 변화를 적극 수용할 수 있어야만 경제의 선진화가 가능하다. 동태적 변화에 실패하면 경제도 힙합을 못 따라 하는 기성 세대처럼 고개를 숙일 수밖에 없다.

12
타이어보다 비싼
운동화

    청바지를 만드는 한 중소기업을 방문한 적이 있다. 최신시설을 갖추고 주로 외국의 유명 브랜드를 하청받아 수출하는 우량기업이었다. 대기업에 비하면 작은 규모였지만 원단 재단에서부터 염색, 가공, 포장에 이르기까지 모든 공정이 빈틈없이 이루어지고 있었다. 간단한 청바지조차도 그렇게 효율적으로 생산될 수 있다는 사실에 감탄하지 않을 수 없었다.

    그러나 일행의 놀라움은 오히려 다른 데 있었다. 우리를 의아하게 만든 것은 새 원단을 쳇바퀴처럼 돌리면서 닳게 하는 공정이었다. 거칠지 않으면서도 자연스럽고 부드럽게, 마치 입다가 닳은 옷처럼 만드는 것이 그 공정의 핵심이었다. 그러나 쉰세대의 눈에는 새것을 헌것으로 만드는 그 과정이 오히려 가치를 파괴하는 것으로 보였다. 왜 그렇게 좋은 새 원단을 저렇게 '비용'을 들이며 닳게 하여야 하는가? 질문이 모두 내게 쏟아졌다. 왜 헌옷을 더 좋아하는가? 혹시 무언가 잘못된 현상 아닌가?

나는 동문서답(?)을 내놓았다.

"오늘 자녀에게 운동화 한 켤레를 선물해보시지요. 아마도 유명 브랜드의 운동화 한 켤레와 타이어 4개 값이 비슷할 겁니다." "그게 말이 됩니까? 도대체 무슨 운동화가 그렇게 비싸단 말입니까?" "글쎄요……. 그러나 시장에서는 그런 현상이 자주 나타납니다."

아무래도 운동화와 타이어는 비교의 대상도 되지 않는다. 제작과정은 물론 원재료나 기능을 살펴보고 내구성을 고려해도 도저히 비교될 수가 없다. 어디 그것뿐인가. 생산시설을 위한 투자는 물론 기능 면에서도 타이어는 운동화보다 엄청나게 중요하다. 불량 타이어가 얼마나 많은 인명을 희생시키는가. 그러나 시장가격은 완전히 거꾸로 움직인다. 새로 나온 운동화가 비싼 이유는 운동화에 공기를 집어넣었기 때문이라고 한다. 그러나 타이어에는 더 많은 공기가 들어가는걸. 그렇다면 브랜드 때문인가. 아무리 브랜드가 중요해도 누가 그렇게 비싼 것을 사겠는가. 그렇다면 품질 때문인가?

청바지나 운동화도 수요 공급의 원리에서 예외일 수 없다. 소비자가 높은 가치로 평가해야만 비싼 가격에서도 수요가 있는 법이다. 공급 면에서는 희소성이 있어야만 높은 가격이 형성된다. 유명 운동화나 청바지는 이 두 조건을 모두 만족시키는 것이다.

첫째, 소비자가 그 브랜드를 높이 평가한다. 이것을 상표에 대한 충성심brand loyalty이라고 한다. 찌그러진 반달 모양이나 날렵한 말이나 의

문부호 하나로 대변되는 그 상표에 소비자들이 취해버린 것이다.

둘째, 제품의 차별화에 성공했기 때문에 희소성이 있다. 차별화를 통해 자기 제품만을 선호하는 소비자 계층이 등장한다. 디자인, 품질, 내구성, 감촉, 패션, 또래 간의 유행 등 다른 제품보다도 소비자를 더 만족시킬 수 있는 그 무엇이 있는 것이다. 제조업뿐만 아니라 수경 재배된 채소나 지역의 특성을 강조하는 쌀, 시간 내 배달하지 못하면 식비를 받지 않는 음식점 등 모두 차별화를 시도하는 사례들이다.

사람의 가치가 결정되는 과정도 예외가 아니다. 이렇게 되면 가격이 비싸도 변함없이 그 브랜드를 찾는 계층이 형성된다. 그 그룹의 소비자에게는 거의 독점적인 지위를 확보하는 셈이다. 아무리 종류가 다양해도 '그 소비자'가 찾는 청바지나 운동화는 한정되어 있기 때문이다. 이런 이유로 새것을 닳게 하여 물질을 파괴하고 부가가치를 높이는 것이다.

비록 쉰세대가 비싸다고 외면해도 10대의 차별화된 시장만 확보하면 된다. 어른들이 유명 골프 클럽에 매혹되듯이 그들도 나름대로 취향이 있기 때문이다. 비록 돈은 부모가 지급해도.

13
그린스펀
효과

　세 환자가 정신병동에 갇혀 있었다. 어느 날 주치의가 환자의 상태를 점검하며 퇴원자를 결정하려고 간단한 덧셈을 질문했다. "2 더하기 2가 얼마냐?"는 것이었다. 첫 번째 환자는 "5", 두 번째 환자는 "수요일"이라고 대답했다. 한심한 표정으로 세 번째 환자에게 물었더니 "4"라고 또렷하게 대답한다. "당신은 오늘 퇴원해도 좋소." "의사 선생님, 감사합니다." 부리나케 병실을 나서는 그 사람에게 의사가 지나가는 말투로 칭찬했다. "그런데 어떻게 그렇게 정답을 잘 맞혔소?" "선생님, 그거야 간단하지 않습니까? 5와 수요일을 합하면 바로 4가 되지요."

　한때 세계 금융의 황제로 불리었던 미국 연방준비제도이사회FRB 전 의장 앨런 그린스펀의 홈페이지에 나왔던 유머다. 그린스펀이 당시 증권관리위원장인 레빗과 골프를 치며 얘기했다는 것이다. 과묵하고 우울한 것 같지만, 유머가 풍부하고 어휘의 영향을 너무나 잘 활용하는 사람이다. 모호한 표현으로 다양한 해석을 불러일으키는 그의 어법은 세계의 돈 흐름에 막강한 영향력을 행사하고 있다. 국제 금융계는 그의 말한 마디 한 마디에서 시사점을 찾기 위해 항상 분주하다. 그래서 그가 어떤 결정을 하든 항상 확실한 것 두 가지가 있다. 하나는 연방준비제도 이사회의 동료가 그의 옆에 있다는 것이고, 다른 하나는 금융시장이 반드시 반응한다는 것이다.

예를 들어 FRB가 예정에도 없이 전격적으로 0.5퍼센트의 금리 인하를 단행하면, 전 세계의 주식시장은 엄청나게 폭등한다. 실제로 그와 유사한 현상은 무수히 많다. 금리정책에 따른 영향은 세계 어느 곳에서도 유사하게 나타난다. 최근 우리나라도 인플레이션에 대한 우려로 금리를 점진적으로 인상measured pace하고 있는 추세지만, 전격적으로 변동했을 때의 충격은 엄청나게 크게 나타난다. 따라서 금리의 조정은 항상 정부 부처 간 논쟁이 많이 나타난다. 과연 금리 인하 또는 인상은 경제에 어떤 영향을 미치고, 경제 활성화에는 어떤 효과가 있을까?

이자율은 곧 돈의 가치를 말한다. 물가가 상승하면 돈의 가치가 하락하는 것처럼 금리가 떨어져도 돈의 가치가 하락한다. 따라서 미국이 금리를 인하하면, 달러 가치가 떨어지는 요인이 된다. 미국의 금리 인하는 달러 가치를 하락시킨다. 우리의 원화가치를 높게 된다. 물론 우리도 같은 비율로 금리를 인하하면 원화가치도 하락하기 때문에 환율에는 아무런 영향을 미치지 않는다.

금리가 내려가면 기업의 이자 부담이 내려간다. 따라서 금리가 내려가면 기업의 투자도 증가한다. 10퍼센트의 이자율에서 투자하려면 최소한 10퍼센트 이상의 수익을 내야 금융비용이라도 보상할 수 있지만, 8퍼센트에서는 8퍼센트의 수익만으로도 금융비용이 나오기 때문이다. 수익성이 낮은 사업에도 투자요인이 발생하는 셈이다. 소비자의 관점에서는 금리가 낮아질수록 저축의 인센티브가 줄어들고 소비를 늘리려 한다. 이자율이 10퍼센트일 때 현금을 보유하면 10퍼센트의 이자를 놓치게 된다. 그만큼 기회비용이 발생하는 것이다. 이자율이 낮아지면 현금 보유의 기회비용이 적어져서 소비가 더 증가하게 된다. 투자와 소비가 증가하면 경기는 살아나지 않는가. 이런 이유로 금리 인하는 고전적인 경기 부양 수단의 하나이다.

금리 인하는 물론 구조조정에도 영향을 미친다. 수익성 개선에 도움을 주어 열매를 맺지 못하는 기업도 한 번쯤 기대할 수 있는 환경이 조성된다. 금리 인하의 효과가 크면 실물의 경쟁력과는 상관없이 금융비용의 절감만으로도 부실기업의 회생이 가능하다. 이런 효과가 지나치면 찍어버려야 할 나무를 가리지 못할 수도 있다.

이자율이 낮다고 반드시 투자와 소비가 늘어나는 것은 아니다. 불안감이 가시고 미래에 대한 기대가 생겨야만 투자도 늘어나지 않겠는가. 이런 이유로 일본은 몇 년째 제로 금리를 유지하고 있다. 하지만 여전히 소비는 물론 투자도 지지부진하기만 하다. 금리 인하는 상황에 따라서는 '5'와 '수요일'을 더하는 의미 없는 결과로 나타날 수도 있다.

14
포로수용소의
담배

제2차 세계대전 중 나치의 포로수용소에서 일어났던 일이다. 적십자사는 전쟁포로들을 위해 여러 종류의 구호물자를 수용소에 대량으로 보냈다. 식량과 의류와 담배 등 생활에 필요한 물품들을 인도적 차원에서 공급했던 것이다. 각 개인이 무엇을 필요로 하는가는 관계없이.

그런데 시장은 수용소에서도 자연스럽게 형성되었다. 서로가 물물교환을 통해 자신의 선호를 찾아 나섰기 때문이다. 옷과 담배를 바꾸고 빵과 옷을 바꾸는 등 균형을 찾는 거래가 등장하기 시작했다. 그러나 물물교환은 얼마나 불편한가. 그들은 오래가지 않아 더 편리한 거래방법을 발견했다. 바로 '담배'를 교환의 매개수단으로 활용하는 것이다. 다시 말하면 담배가 상품화폐로 통용된 것이다. 셔츠 한 벌은 담배 5갑, 빨래 한 번 해주는 데 담배 1갑 등 담배가 완전한 '화폐'의 기능을 수행하게 된 것이다. 물론 담배가 화폐처럼 통용된 사례는 나치의 포로수용소에서뿐만이 아니었다. 1980년대 말 구소련에서도 루블보다 미국산 말보로가 더 선호되었고 해방 직후 우리 군에서도 담배가 교환의 매개수단으로 널리 활용되었다.

그런데 만일 어느 날 포로수용소장이 다른 물자는 주지 않고 담배 공급량을 20퍼센트 늘려 100갑을 더 나누어준다면 어떤 변화가 일어나겠는가? 담배의 상대적 가치가 떨어지므로 담배 몇 갑으로 표시한 물건들의 가격은 더 오르지 않겠는가. 이제 셔츠 한 벌을 위해서는 담배 6갑을 주어야 하고 세탁비로도 담배를 더 주어야 한다. 드디어 포로수용소에도 인플레이션이 나타나는 것이다. 화폐인 담배가 더 공급되었기 때문에 나타난 당연한 결과이다.

국민경제에서도 똑같은 현상이 나타난다. 화폐인 담배의 공급이 증가하면 물가가 오르는 현상을 가장 기본적으로 설명할 수 있는 이론이 바로 '화폐수량설'이다. 화폐수량설은 통화량(M)과 유통속도(V)를 곱한 값이 가격(P)과 거래량(T)을 곱한 값과 같다는 것이다(MV=PT). 어려워 보이지만 절대 그렇지 않다.

하나하나 생각해보자. 통화량(M)은 담배 전체의 수량이고 유통속도(V)는 수용소 내에서 담배가 얼마나 빨리 손이 바뀌느냐를 말한다. 이것은 거래습관이 크게 바뀌지 않는다면 단기에는 변화가 없다고 보아도 된다. 가격(P)은 수용소 내에서 거래되는 물품들의 담배로 표시된 평균 가격을 말하고 거래량(T)은 수용소 내에서 거래되는 전체 물품의 양을 말한다. 단기에는 유통속도와 거래량은 변하지 않는다. 그렇다면 담배 공급이 늘어나면 물가가 상승하게 되지 않겠는가?

그렇다. 이것은 일반에게도 널리 알려진 전형적인 통화이론의 하나다. 실제로 세계 각국의 자료에서도 통화량과 인플레이션은 높은 상관관계를 맺은 것으로 증명되었다. 그러나 현실 경제는 꽉 막혀 있는 수용소와는 다르다. 열려 있을 뿐만 아니라 다른 요인들이 복합적으로 작용하게 마련이다. 그래서 현실 경제에서는 통화량이 증가한다. 곧바로 인플레이션이 나타나는 것이 아니라 약간의 시차를 두고 나타난다. 국가마다 다르지만, 대개는 통화량 증대가 6개월에서 18개월 후에 인플레이션으로 연결된다.

화폐수량설에 의하면 통화의 유통속도가 고정된 경우, 통화 공급의 증대는 곧 인플레이션을 가져온다. 따라서 통화의 공급을 담당하는 중앙은행(한국은행)이 막중한 책임이 있는 셈이다. 미국의 연방준비제도이사회의 힘도 여기에서부터 비롯된다. 담배 한 개비가 수용소 포로들의 하루하루를 좌우한다. 마찬가지로 서민들도 세종대왕의 지폐 한 장에 희비가 엇갈리지 않는가.

15
선물의
경제학

아내에게 옷이나 화장품을 선물하면 핀잔을 듣기 십상이다. 옷은 색깔이나 디자인을 맞추기 어렵고 화장품은 종류가 너무 다양해서 마음에 쏙 드는 품목을 정확히 선택하기 어렵기 때문이다. 문제는 그것뿐이 아니다. 가격을 말하면 대개는 그보다 훨씬 싸게 살 수 있다며 아쉬워한다. 아내는 옷이나 화장품에 익숙하여서 수준에 따라 나름의 기준을 가진 것이다.

남편과 아내가 생각하는 기대 가격이 서로 다르기 때문이다. 그래서 아내가 잘 아는 것을 선물하면 상당한 위험이 따르게 된다. 이런 이유로 중년이 넘어서는 아예 아내에게 선물하는 것 자체를 피하는 사람도 많다. 그러나 로맨스 그레이를 즐기려면 그래도 선물을 하는 편이 좋을 것이다. 다만 아내가 잘 알지 못하는 품목을 선택해야 한다. 경제학적으로도 설명된다.

품위 있는 실크 스카프를 예로 들어보자. 남편은 5만 원을 지급할 용의가 있다. 아내는 세일 가격에 사면 3만 원이면 충분하다고 생각한다. 실제 판매가격이 4만 원이라면 남편은 기분 좋게 구매할 것이다. 자신이 지급할 뜻이 있는 가격보다 1만 원이 싸기 때문에 그만큼 이익을 본다고 생각할 것이다. 그러나 아내는 자신의 기준보다 가격이 높아서 절대 사지 않을 것이다.

스카프의 생산비가 2만 원이라면, 기업이 이윤을 극대화할 수 있는 묘책이 무엇일까? 부부의 기대 가격에 대한 정보가 있다면 전략은 간단하다. 남편에게는 5만 원에 팔고 아내에게는 3만 원에 팔면 되지 않겠는가. 이것이 바로 모든 사람에게 서로 다른 가격을 부과하는 완전한 가격 차별화의 전략이다. 이 묘안이 통용되려면 남편과 아내가 서로 정보를 교환할 수 없어야 한다. 말하자면 국내 시장과 수출 시장처럼 두 시장이 차단되어 있어야 한다. 경쟁적인 시장에서도 가격 차별화는 불가능하다. 경쟁 시장에서는 가격이 생산비와 일치하므로 2만 원보다 더 받을 수 없기 때문이다.

백화점이 세일을 시작하면 왜 그렇게 많은 인파가 몰려드는가. 나름대로 사연은 달라도 근본적인 이유는 하나뿐이다. 원하는 물건을 평상시보다 싸게 사기 위해서다. 소비자들은 제품에 대해 각자 나름대로 생각하는 가격과 품질에 대한 기준을 갖고 있다. 소비자가 합리적으로 행동한다면 그 기준에 적합한 경우에만 물건을 살 것이다. 그 물건이라면 얼마, 그 정도 품질이라면 얼마를 주겠다는 적정선이 있게 마련이다. 물론 그 기준이 수시로 흔들릴 수도 있다. 판매원의 설명을 듣거나 광고를 보면서, 제품에 대한 새로운 정보를 알게 되면서, 또는 사람이 많이 사가는 것을 보면서 마음이 흔들릴 수 있다. 때로는 그 기준보다 높은 가격에서 충동구매도 한다.

그러나 그 과정이 어찌 되었든 간에 자신이 지급할 마음이 있었던 가격보다 싸게 산다면 이익을 얻게 된다. 돈으로 직접 보상받는 것은 아니지만, 마음속으로 그 차액만큼 흐뭇한 생각을 하게 될 것이다. 그 흐뭇한 생각을 경제학에서는 소비자 잉여consumer surplus라고 부른다. 지급할 뜻이 있었던 가격(5만 원)보다 실제 가격(4만 원)이 낮을 때 그 차액(1만 원)만큼 소비자 잉여가 발생하는 것이다. 따라서 할인 판매가 많으면 소비자 잉여도 많아지게 된다. 높은 가격을 지급할 뜻이 있었던 사람의 만족감은 더욱 커지게 된다.

만약 백화점이 소비자가 원하는 가격 수준이 어느 정도인가를 모두 알고 있다면 어떻게 될까? 5만 원을 낼 용의가 있는 사람에게는 5만 원에, 4만 원의 기준을 가진 소비자에게는 4만 원에 판매할 것이다. 이런 식으로 가격을 차별화하면 기업이 소비자 잉여를 모두 가져갈 수 있지 않은가. 그러나 백화점의 제품은 거의 표준화되어 있기 때문에 위와 같은 전략은 불가능하다고 볼 수 있다.

그러나 고급 보석상은 다르다. 흥정을 통해 소비자의 속마음을 정확히 파악한 후, 거기에 합당한 보석을 판매한다. 완전한 가격 차별화를 시도하는 것이다. 보석은 표준화되어 있지 않아서 소비자는 품질을 정확히 평가할 수 없다. 남편도 아내도 보석의 광채에 현혹되어 자신의 잉여를 챙기지 못하는 것이다.

16
똘똘한
두부 장수

세상을 긍정적으로 보면 서로 도움을 주는 이웃이 너무나 많다. 옛날부터 서로 돕는 상부상조의 전통이 있어 이웃사촌이라고 말하지 않는가. 먼저 어느 할머니가 들려주신 서로 돕는 이웃의 사례 하나.

아침마다 "두부 사려" 큰소리로 외치는 것을 멋쩍어하는 소심한 두부 장수가 있었다. 큰소리로 외치지 않으니 장사가 잘될 리 없었다. 그러다 어느 날 묘안을 찾아낸다. 된장찌개에는 반드시 두부가 들어간다는 사실에 착안하여 목소리 큰 된장 장수 뒤를 졸졸 쫓아다니기로 한 것이다. 앞에서 "된장 사려" 하고 큰소리로 외치면 그 뒤를 따르면서 모깃소리로 "두부도"라고 덩달아 외쳤던 것이다. 된장 장수 덕분에 힘들이지 않고 성공했다는 두부 장수 이야기이다. 아마도 몇 달 뒤에는 서로 역할을 바꾸었을지도 모른다. 분명한 것은 두 사람 모두 혼자 다닐 때보다 매상이 늘었다는 것이다.

된장 장수처럼 자신의 행동이 결과적으로는 이웃에게 많은 이익을 줄 때가 있다. 좋은 룸메이트를 만나거나, 제자를 끔찍이 아끼는 교수의 연구실에서 일하거나, 부하를 평생 책임지는 상사를 만나기도 한다. 일상을 되돌아보면 이런 사례는 무수히 많다. 어쩌면 우리의 일생은 그 '이웃사촌'과 더불어 선택되는 경우가 더 많을지도 모른다.

이런 이웃사촌을 만나는 기업은 생산비를 줄일 수 있다. 남에게 피해만 주는 '외부비경제'와는 정반대 현상이다. 이것을 경제학에서는 '외부경제'라고 한다. 즉, 외부 요인 때문에 생산비가 줄어들고 생산성이 향상되는 효과를 의미한다. 물론 기업이 자신의 노력으로 생산비를 낮추는 것은 내부적 변화이므로 외부경제라고 부르지 않는다.

이웃 때문에 외부경제로 생산비를 절감시키는 전형적인 사례는 양봉과 과수원에서 찾을 수 있다. 양봉업자가 과수원 근처에 진을 치면 누이 좋고 매부 좋은 형국이 된다. 과꽃의 풍성한 꿀을 많이 따게 되어 즐겁고 과수원은 벌들의 봉사로 더 많은 과실이 열릴 수 있기 때문이다. 그러나 그들은 서로에게 준 혜택을 비용으로 정산하지 않는다. 전형적인 외부경제의 미담이다.

소비에도 외부경제가 있다. 음주는 남에게 피해를 많이 주기 때문에 대표적인 외부비경제의 사례다. 하지만 교육에 대한 지출은 외부경제를 유발한다. 교육을 제대로 받은 사람은 수없이 많은 제3자에게 엄청난 혜택을 줄 수 있기 때문이다. 그들은 고위 관료나 최고 경영자로서 바른 결정을 한다면 얼마나 많은 이웃이 그 음덕에 살아갈 수 있는가. 일반 국민은 그들의 교육비를 부담하지 않았음에도 외부경제가 이웃들의 후생을 증대시킨다. 기초 연구, 개발, 발명 등도 이웃에게 엄청난 외부경제를 가져올 수 있다.

그러나 외부경제는 이웃에게 혜택을 주지만 그 혜택에 대한 보상을 받지 못하는 경우가 대부분이다. 따라서 외부경제를 유발하는 당사자로서는 자신의 투자비용을 모두 회수하지 못하는 결과를 가져온다. 즉 100을 투자한 결과 모두 150의 성과를 거두었다. 하지만 자신에게 분배되는 몫은 90이고 60은 제3자에게 분배된다. 그렇게 되면 누가 큰소리로 외치는 된장 장수가 되겠다고 하겠는가. 된장 장수는 적어지고 편하게 이익을 보려는 두부 장수만 많아지게 된다. 그래서 외부경제는 사회 전체적으로 바람직한 수량보다 적게 공급된다.

공해와 같은 외부비경제는 많아서 걱정이고 누이 좋고 매부 좋은 외부경제는 너무 적어서 탈인 셈이다. 정부가 외부경제를 증대시키기 위해, 보조금을 지원해야 하는 이유가 바로 여기에 있다.

철새들도 그 먼 대륙을 횡단할 때는 상승기류를 타고 날아간다고 한다. 날개는 가장 편하게 접어두고 기류에 묻혀 그 먼 거리를 날아가는 것이다. V자 행렬을 만들어 서로에게 상승기류를 만들어주니 혼자 나는 것보다 무려 71퍼센트를 더 멀리 날아간다고 한다. 얼마나 외부경제를 잘 활용하는가. 만일 우리에게 철새들의 지혜만이라도 있다면 세상은 지금보다 더 살맛이 나지 않겠는가.

3장

흐름을 읽는 경제학

1
경기 흐름의
사계절

사랑도 나무처럼

물오른 설렘이

연둣빛 새싹으로

가슴에 돋아나는

희망의 봄이 있고

태양을 머리에 인 잎새들이

마음껏 쏟아내는 언어들로

누구나 초록의 시인이 되는

눈부신 여름이 있고

열매 하나 얻기 위해

모두를 버리는 아픔으로

눈물겹게 아름다운

충만의 가을이 있고

눈 속에 발을 묻고

홀로 서서 침묵하며

기다리는

인고의 겨울이 있네

— 이해인, 〈사랑도 나무처럼〉

이 시는 사랑의 기쁨과 질곡을 나무의 변화에 비유하고 있다. 나무는 계절에 따라 초록의 시인이 되기도 한다. 그리고 열매를 맺는 충만한 시기를 지나 아픔 속에 홀로 침묵해야 하는 고독한 인고의 시간을 보내게 된다.

우리의 사랑도 봄의 나무처럼 낭만적일 때도 있다. 충만한 결실을 보기도 하며 고독을 감내해야 하는 순간도 존재한다. 아픔 없이 즐거움만 있는 사랑이라면 얼마나 좋겠는가. 한 쌍의 부부가 새롭게 탄생하는 것처럼 아름다울 것이다. 그러나 쉽게 사랑하고 가볍게 헤어지는 사람을 보면 역시 사랑에는 계절이 있는 모양이다.

계절과 같이 주기적인 변화를 하는 것이 어찌 사랑뿐이겠는가. 사람의 일생도 계절과 같은 변화를 겪는다. 유년을 지나 청년으로 성장하고 불혹不惑과 이순耳順을 거쳐 노년기로 줄달음친다. 누군들 봄이나 여름처럼 살고 싶지 않겠는가. 그러나 시간은 공평하게 주어졌기에 누구도 붙들어놓을 수 없다. 인생도 나무처럼 사계절의 큰 틀에서 벗어날 수 없다.

이런 현상은 경제에도 그대로 나타난다. 승승장구의 기세로 급속히 성장하던 기업이 어느 날 아침 갑자기 쓰러지기도 하고 한 세대의 총아를 받던 제품도 소리 없이 사라질 때가 잦다. 정보통신 기술이 발달한 21세기에는 이런 현상이 더욱 빈번히 일어난다. 컴퓨터를 보라. 불과 30년 전에 누가 개인용 컴퓨터의 확산을 예측할 수 있었겠는가. 휴대전화기가 발전하는 것을 보면 제품의 수명이 얼마나 짧아지고 있는가를 쉽게 알 수 있다. 다행히 과학의 발달로 인간의 수명은 길어진다고 한다. 하지만 기업, 산업, 제품의 수명은 오히려 전보다 더 짧아지고만 있다.

경기도 계절을 좇는 나무처럼 순환한다. 한때는 불황과 침체를 겪다가도, 인플레이션을 수반하는 과열의 열병을 앓기도 한다. 경기침체가 영원히 지속할 수 없다. 그렇다고 호황만 지속하는 나라도 찾아보기 어렵다. 경기는 대개 4종류의 순환과정을 거친다. '회복기-호황기-쇠퇴기-불황기'를 순환하는 경향을 나타내는 것이다.

경기가 좋아지는 국면에서는 점차 개선되는 '회복기'가 있다. 이런 상태가 지속하면서 '호황기'로 이동한다. 그러나 경기 호황은 영원히 지속할 수 없다. 경기가 과열되면 곧이어 '쇠퇴기'가 등장하고 다시 '침체기'를 맞게 된다. 이런 변화가 때로는 잔잔한 파도의 파장처럼 규칙적으로 나타나기도 하고 폭풍을 만난 해일처럼 급격하게 변화하기도 한다.

왜 생명이 없는 경제에서도 이런 현상이 나타나는 것일까? 모두가 잘 살 수 있게 호황기가 계속되면 좋으련만 경기 역시 시간처럼 쉽게 붙들어 놓기 어려운 속성을 가진 모양이다. 먼저 경기가 호황에서 침체로 바뀌는 과정을 살펴보자. 이 변화의 과정에 깊숙이 개입하는 '염색체'라도 알아낼 수 있다면 경기침체를 방지할 수 있지 않겠는가.

경기가 호황일 때는 모든 부문에서 수요가 왕성해진다. 누구나 많은 수입을 갖고 쓰고 싶어 한다. 옆집을 보면 새 가구를 들여놓고 비싼 명품을 산다. 모든 시장에서 수요가 증가하는 현상이 나타난다. 이렇게 되면 재고는 줄어들고 공장의 가동률이 높아진다. 이에 힘입어 기업은 시설을 확장하고 새로운 투자를 시도한다. 이 과정을 거쳐 경기는 더욱 확장되고 드디어는 과열로 접어든다.

경기가 '과열직전의 상태'에서 영원히 머물 수 있다면 얼마나 좋을까? 그러나 경제는 반드시 그렇게만 움직이지 않는다. 수요가 많은 시장에서는 기업의 미래수익에 대한 기대도 높아지게 된다. 어떻게든 만들어 놓기만 하면 시장에서는 팔리는 상태가 되기 때문이다. 따라서 자금에 대한 수요도 많아진다. 경기가 과열되면 인플레현상이 나타나고 정책 당국은 이자율을 높여 경기를 진정시키려 한다. 경기 위축은 여기서부터 시작된다.

높은 이자율은 투자와 소비를 위축시킨다. 소비가 위축되면 기업의 기대수익은 줄게 되고 은행은 자금회수에 착수한다. 시장은 점점 수요부족과 공급과잉 상태로 바뀌게 되고 경기는 급속히 쇠퇴기로 접어든다. 상황이 이쯤 되면 구조조정을 하거나 문 닫는 것을 고민하는 기업이 등장하게 된다. 이 결과 가계소득은 줄어들고 소비와 투자는 더욱 위축된다. 경기가 바닥을 모르는 침체기에 빠져드는 것이다.

나무처럼 '눈 속에 발을 묻고' 기다려야 하는 인고의 겨울이 경기에도 등장하는 것이다. 호황에서 침체, 침체에서 다시 호황으로 연결되는 순환과정을 겪는 것이다. 나무와 경기의 차이라면 그 순환성이 필연적인 것은 아니라는 점이다.

'나무의 계절'은 시간이 흐르면 반드시 바뀌게 된다. 그러나 '경기의 순환'은 마냥 기다리기만 한다고 겨울이 봄으로 바뀌는 것은 아니다. 경제를 살리려는 참여자의 의지와 올바른 정책이 시행되어야 비로소 움직일 수 있다. 아무도 경기를 보살피지 않는다면, 나무의 계절보다 더 혹독한 겨울이 등장할 수 있다.

2
경기예측은
일기예보와 같다

물리학자, 화학자, 경제학자가 멀리 바다낚시를 갔다가 조난을 당하게 되었다. 며칠을 표류하다 배 밑에서 통조림 몇 개를 발견했는데 불행히도 뚜껑을 열 수 있는 도구가 없었다. 물리학자가 한참 고민 끝에 "뚜껑에 압력을 가할 수 있는 날카로운 도구를 찾자"고 제안했다. 화학자는 "바닷물에서 화학적 반응을 유도할 촉매를 찾아야 한다"고 주장했다. 한동안 듣고 있던 경제학자는 "열었다고 가정하자"고 말했다고 한다. 현실과 맞지 않는 가정을 많이 하는 경제학에 대한 유머러스한 비판이다.

실제로 경제학에는 가정이 많이 등장한다. 너무나 복잡한 현실세계를 단순화시키기 위해 가정이 필요한 것이다. 그러한 가정하에서 경제법칙이 발견된다. 예를 들어 '가격이 오르면 수요는 줄어들고 가격이 내리면 수요가 증가'하는 수요의 법칙을 생각해보자. 그러나 가격이 올라도 소득이 증가하면 수요는 늘어날 수 있지 않은가? 경쟁사 제품의 가격이 상승하면, 우리 제품의 수요는 덩달아 증가할 수 있지 않은가? 모두 옳은 대답이다. 그렇다고 수요의 법칙이 틀린 것은 아니다. 그 법칙은 소득, 경쟁상품의 가격, 품질 등 가격 이외에 모든 조건이 같다는 '가정' 하에서만 성립되기 때문이다.

모든 경제법칙은 가정이 무너지면 성립하지 않는다. 경제전망도 특정한 가정에 따라서 이루어진다. 경제전망은 금리 5퍼센트인데 현실경제는 4퍼센트라면 당연히 맞을 리가 없다. 따라서 모든 경제예측은 결과를 읽기 전에 어떤 가정에 따라 만들어진 것인가를 먼저 파악해야만 한다. 엄밀한 가정에 따라 이론을 유도한 다음에 그 가정을 현실에 맞게 하나하나 완화해나가는 것이 경제학의 방법이다.

경기예측은 흔히 일기예보에 비유된다. 내일 날씨를 예측하기 위해 오늘 대기의 움직임을 살핀다. 마찬가지로 경제학자들은 내일의 경기전망을 위해 복잡한 경제현상을 분석한다. 장기의 일기예보가 정확하지 않은 것처럼 경기예측도 틀리는 경우가 많다. 왜 그러한가? 우선 수많은 요인이 경제에 영향을 미친다. 기상예보는 대기의 움직임만 보지만, 경기전망은 모든 가능한 변수를 고려해야 한다. 자연재해와 급변하는 국제정세와 같은 외생변수는 물론이고 소비자의 가계지출과 기업투자 등과 같은 주체들의 형태까지 파악해야 한다. 불확실한 소비자의 형태도 경기예측을 어렵게 한다.

따라서 자신의 미래 소비지출에 대한 확고한 계획이 없는 사람은 정확한 경기예측을 기대할 자격이 없는 셈이다. 어쩌면 정확한 경기예측은 큰 수정 볼을 굴리는 예언자와 역술가들이나 할 수 있을지 모른다.

이런 이유로 어떤 이는 경제학이 너무 추상적이고 현실경제와 동떨어져 있다고 혹평한다. IMF 당시에는 경제학자들이 구제 금융을 받을 때까지도 경제위기를 제대로 예측하지 못했다고 비판받았다.

그러나 경제학은 불행히도 자연과학과는 달리 마음대로 실험할 수 없는 학문이다. 수많은 국민에게 전혀 새로운 경제 모델을 어떻게 실험할 수 있겠는가. 따라서 현실에 가까운 가정들을 많이 설정하여 가상의 실험실을 만들고 모의실험을 통해 경제예측을 할 수밖에 없다. 그 실험실을 만들고 모의실험을 통해 경제예측을 할 수밖에 없다. 그 실험실의 가정대로 현실경제가 움직인다면 경제예측의 정확도가 크게 높아진다. 반대로 실험실이 현실경제와 다르다면 새로운 가정으로 예측을 다시 해야만 하는 것이다.

어떤 조사로는 사람이 체감하는 일기예보의 정확성은 실제보다 턱없이 낮다고 한다. 사람이 정확한 예보는 당연한 것으로 여기고 기억하지 않지만, 틀린 예보는 확실히 기억하기 때문이다. 피해를 수반하는 오보일 경우에는 더욱 그러하다. 경제전망에 대해서도 역시 그러하다. 경제학자들이 일기예보의 오보에 비교적 관대한 이유는 아마도 동병상련의 정을 느끼기 때문인 듯하다. 명의名醫가 존경받는 까닭은 병을 정확하게 예언하기 때문이 아니다. 병을 치료할 수 있기 때문이다.

3
돌아갈 자리 없는
통화

고독 때믄에 뼈아프게 살더라도

사랑하는 일은 사람의 일입니다

고통 때문에 속 아프게 살더라도

이별하는 일은 사람의 일입니다

사람의 일이 사람을 다칩니다

사람과 헤어지면 우린 늘 허기지고

사람과 만나면 우린 또 허기집니다

언제까지 우린 사람의 일과

싸워야 하는 것일까요

사람 때문에 하루는 살 만하고

사람 때문에 하루는 막막합니다

하루를 사는 일이 사람의 일이라서

우린 또 사람을 기다립니다

— 천양희, 〈그리움은 돌아갈 자리가 없다〉

기대에 차 사람을 만나지만, 만나면 실망하고, 헤어지며 괴로워하고, 그래도 사람을 또다시 만날 수밖에 없는 아픔을 노래하고 있다. 아, 우리의 일상에는 사람에 대한 기대가 무너지는 일이 얼마나 많은가. '허기지며 기다리던' 사람도 기대와는 다를 때가 잦지 않은가. 그래서 시간이 흐를수록 자신만이 체험한 독특한 눈으로 세상을 평가하고 미래를 기대한다. 사람은 오래 지내야만 알 수 있는 '경험재'라고 하지 않았는가. 숱한 경험을 통해 자신의 기대와 행동의 규칙을 만들어나간다.

경제현상에서도 마찬가지다. 반복되는 체험을 바탕으로 미래에 대해 기대를 하게 되고 그 기대가 경제활동을 결정하는 변수가 된다. 한때 연탄값을 규제하던 시절에는 정부가 값을 올리지 않는다는 발표만 하면 가격이 뛰어올랐다. 과거의 경험에서 축적된 기대가 작용했기 때문이다. 정부와의 숱한 '만남'에서 국민의 불신과 기대가 형성되었기 때문이다.

물가와 실업의 관계에서도 사람의 경험과 기대는 큰 영향을 미친다. 통화량이 증대되고 이자율이 하락하면 기업의 투자와 가계의 소비가 증대하여 생산 활동이 활발해진다. 그래서 고용도 늘어난다. 반면 수요가 증가하는 만큼 가격도 상승한다. 국민경제에는 총체적인 수요가 증대하면 총공급과 만나는 균형점은 종전보다 물가 수준이 높은 곳에서 형성된다. 총수요와 총공급이 모두 증가하지만, 총공급곡선의 형태가 오른쪽으로 올라가는 모습이기 때문에 물가상승을 동시에 유발한다. 기업은 가격상승에 따라 공급량을 늘리기 때문에 고용도 증가하게 된다. 이 결과 실업은 감소하지만, 물가는 상승하는 전형적인 필립스 커브의 모습이 나타난다.

이런 일이 반복되면 어떻게 될까. '사람의 만남'에서 느꼈던 체험과 같이 경제 주체들은 나름대로 기대를 하게 된다. 통화량이 증가하면 머지않아 물가가 상승하고, 이것은 곧 자신의 후생에 어떤 영향을 미칠 것이다. 그렇다면 임금도 올라가야 하고 후생이 저하되지 않도록 다른 대책을 연구해야 한다. 당연히 이러한 기대를 반영하려고 노력한다.

따라서 단기에 통화량과 이자율을 통해 경기를 부양시켜도 장기에는 모든 경제 주체가 새로운 물가 수준에 맞추어 자신의 행동을 결정하게 된다. 임듣도 올라가고 소비와 투자 등도 새롭게 형성된 환경에 점차 적응하게 된다. 기업의 입장에서는 생산비가 다시 올라가므로 올라간 가격하에서 생산을 더 늘리기 어렵다. 결과적으로 초기에 금융정책으로 시도했던 생산과 고용의 확대는 물거품이 된다. 오히려 물가만 상승시키고 실업은 줄어들지 않는다. 그렇게 되면 물가상승과 실업이 역으로 가는 필립스 커브는 나타나지 않는다. 오히려 수직선이 되어 물가만 올라간다. 현명한 경제 주체들이 모두 자신의 경험과 기대를 반영하여 행동하기 떠문이다. 따라서 모든 기대를 뛰어넘는 묘안을 만들어내야만 장기효과가 나타난다.

"그리움은 돌아갈 자리가 없다"고 하지만 한 번 풀린 돈은 결국 물가상승으로 돌아가게 되는 것이다. 먼 훗날에도 제대로 돌아갈 자리를 찾게 해줄 수는 없을까?

4
경기는 좋다는데,
나는 왜

공항으로 가는 길에 택시를 타게 되었다. 조용하던 운전기사가 조심스럽게 "무슨 과목을 가르치느냐"고 묻는다. 학교에서 탄 손님이라 선생이라고 확신했던 모양이다. "경제학인데요." 대답이 떨어지기 무섭게 질문과 불평이 시작되었다. "경제가 잘 돼 가느냐. IMF로 다시 가지 않겠느냐, 금감원은 뭐 하는 곳이냐?" 임자 만났다는 듯이 끝없이 쏟아낸다. 그러나 뭐 하나 신통한 해답을 듣지 못했던 모양이다.

"마지막으로 이것 하나라도 제대로 말씀해주십시오. 정부는 항상 경기가 좋아질 거라고 합니다. 근데 나는 갈수록 어려워지니 뭔가 통계가 잘못된 것 아닙니까?"

그런데 이것마저도 제대로 답변을 못했다. 벌써 공항에 도착해버렸기 때문이다.

2011년 4분기 경제는 지표상으로 3.4퍼센트의 성장을 달성했다.

2011년 11월에도 경상수지 흑자는 46억 달러에 달하여 월별로는 그 해 최대를 기록했다. 생산과 출하 등 산업 생산을 반영하는 지표의 '증가율'이 약간 떨어지고 있다. 하지만 지표상으로는 아직도 경기가 괜찮다는 것이 정부의 평가인 것 같다. 그러나 서민들은 피부로 느끼는 '실제' 경기는 형편없다고 야단이다. 이른바 지표경기와 체감 경기의 괴리현상이다. 왜 이런 현상이 발생하는 것일까?

놀랍게도 아무리 정확한 통계라도 지표경기와 체감경기는 서로 다를 수 있다. 경기지표는 국민경제 전체를 대상으로 작성하는 것이지만 개인의 경제생활은 특정 부문에 한정되어 있기 때문이다. 다른 부문이 아무리 호황이라도 승객이 없다면 택시 업계가 체감하는 경기가 좋을 리 없다. 반도체가 아무리 호황이라도 쌀값이 오르지 않으면 농민들의 체감경기는 싸늘하기만 하다. 그러나 지표경기는 이 모든 것들을 종합한다.

택시, 반도체, 쌀 등 3개 부문만 있는 경제를 생각해보자. 세 품목이 경제에서 차지하는 비중이 같고 각각의 성장률이 100퍼센트, −20퍼센트, −20퍼센트라면 전체 성장은 20퍼센트가 된다. 그러나 쌀과 택시업계의 체감 경기는 −20퍼센트로 극심한 침체상태에 있다. 최근처럼 반도체와 자동차 등 일부 중화학공업이 주도하는 우리 경제에서는 다른 부문에서의 체감 경기가 따뜻할 수가 없다. 특히 고용 효과가 큰 건설업이 불황이고 중소기업의 자금난이 심각하므로 서민의 체감경기는 더 나쁠 수밖에 없다.

지표경기와 체감경기가 다른 이유는 하나 더 있다. 우리가 많이 수출하는 반도체 가격은 폭락했고 수입의존도가 높은 석유류는 폭등했기 때문이다. 이 결과 2000년 초에는 반도체 칩 4개와 석유 1배럴이 같은 가격이었는데 현재는 칩 10개가 필요하다. 두 재화만 직접 비교할 때, 반도체가 호황이라서 현재 6개를 생산한다면 통계상으로 국내 총생산은 50퍼센트 성장했다. 그러나 반도체 6개를 다 팔아도 원유 1배럴도 살 수가 없다. 경제는 성장했지만, 국민의 실질적인 구매력은 오히려 떨어졌기 때문이다.

이와 같은 구매력의 변화를 반영하기 위해서는 수출품과 수입품의 가격변화를 모두 고려해야 한다. 즉, 양자의 가격비율인 교역조건의 변화를 포함해야 한다. 이를 고려한 것이 바로 국민총소득(Gross National Income: GNI)이다. 그러나 일반적으로는 국내총생산(Gross Domestic Products: GDP)을 많이 사용한다.

즉, GDP가 일정 기간 그 나라 영토 안에서 생산된 재화와 서비스를 합계한 값이라면, GNI는 우리가 생산한 재화를 가지고 외국으로부터 사들일 수 있는 물건의 양이 얼마인지를 계산해서 소득이 늘었는지 줄었는지를 가늠하는 지수이다. 외국 물건값이 큰 폭으로 상승했다면 비록 재화를 더 많이 생산했다고 하더라도 GNI의 증가 여부를 판단하기란 쉽지 않다.

공항이 멀었어도 이런 설명을 다 하진 못했을 것 같다. GNI 자체도 경제 전체를 포함하는 것이므로 운전기사의 체감경기를 반영하지 못하기 때문이다. 아무리 지표경기가 좋아도 체감경기가 나쁘다면 어떤 논리로 설득할 수 있겠는가.

5
기업가의
예감

"당신의 미래를 알려드립니다."

학교 후문 새 건물에 큼지막하게 걸려 있는 어느 도사의 광고문이다. 내일을 알 수 있다면 세상은 얼마나 단순해질까? 불확실성에서 비롯되는 모든 사건을 제거할 수 있기 때문에 위험을 감수하며 살아갈 필요가 없을 것 아닌가. 그래서 사람은 하루라도 먼저 미래를 알려고 한다. '오늘의 운세'를 읽는 사람도 많고 도사를 찾아 나서는 사람도 많다. 미래를 알 수 없는 보통 사람에게는 내일을 단정적으로 말하는 예언가들이 신비로울 수밖에 없다. 그러나 예언의 과학적 인과관계는 항상 논란거리가 된다.

세계적 예언가로 널리 알려진 노스트라다무스는 나폴레옹과 히틀러의 출현은 물론 무솔리니의 최후도 정확히 맞혔다고 한다. 그러나 이것도 그의 추종자들의 주장일 뿐 예언 시의 내용은 해독에 따라 달라진다는 비판도 많다. 그의 1999년 지구 종말론은 많은 화제가 되기도 했지만, 지금까지도 지구는 버젓이 움직이고 있지 않은가.

노스트라다무스의 예언도 맞지 않는데 어떻게 경제학자의 예측을 믿을 수 있을까? 결론부터 말하자면, 경제학자의 예측이 정확히 실현되는 경우는 극히 드물다. 왜냐하면, 경제학은 과학적 인과관계를 바탕으로 하지만 전자는 어떤 감성적인 느낌을 중시하는 것이라고 할 것이다. 물론 예언서에도 과학성이 있다고 주장할지 모르지만 적어도 보통 사람에겐 그렇게 인식되지 못한다.

물론 때로는 과학적인 인과 성과는 관계없이 예감이나 어떤 느낌이 더 정확한 예도 없지 않다. 따라서 기업인이나 소비자가 현재 체감하는 경기와 미래에 대해 예상하는 전망을 경제예측에 고려하기도 한다. 경제 주체의 체감을 활용하는 대표적인 자료가 바로 기업의 경기실사지수(BSI: Business Survey Index)이다. 이것은 기업가의 경기 동향에 관한 판단, 예측, 투자계획 등을 질문하여 작성한다. BSI의 설문은 매우 간단하다. 경기에 대한 기업가의 예감을 경기호전, 경기악화, 종전과 동일의 세 종류로 질문한다. 만약 200개의 업체 중 '경기호전'이 120개이고 '악화'라고 예상한 업체가 80개라면, $(120-80) \times 100/200$을 계산한 후에 다시 100을 더하여 BSI는 120이 된다. BSI가 100보다 크면 경기가 호전되리라 판단한다.

기업가는 당연히 일반인보다 더 정확하게 피부로 느끼는 감을 갖고 있을 것이다. 불확실한 미래에 대응하는 능력과 감각이 더 탁월해야만 성공적인 사업을 할 수 있을 것 아닌가. 또한, 기업가의 판단과 계획은 단기적인 경기변동에 큰 영향을 미치기도 한다. 이런 기업가의 감을 기초로 경기를 예측하는 시도가 바로 BSI 자료이다.

물론 기업가의 경기예감도 여러 선행지표를 반영하여 결정되는 경우가 많다. 주문이 들어오는 추세, 계절적인 요인, 국제정세 등 경기에 미칠 객관적인 자료 등이 기업가의 경기예감에 반영된다. 따라서 전혀 예측하지 못했던 사건이 갑자기 터질 때는 기업 실사지수도 정확성이 크게 떨어질 수밖에 없다. 예를 들어 미국의 9·11 사태, 리먼 브러더즈의 파산, 일본의 쓰나미 등을 어떻게 예측할 수 있겠는가. 경기에 영향을 주는 요인이 너무나 많아 기업가가 '체감'하는 지수도 정확하지 않을 수 있다. 이 결과 BSI 지표도 실제 경제와는 거리가 있는 경우가 많다.

어떻게 하면 체감경기를 정확히 반영하는 경기예측이 가능할까? 이것은 어쩌면 해결할 수 없는 과제일 것이다. 어디에서도 노스트라무스를 찾을 수 없기 때문이다. 비록 미래의 모든 것을 알 수 있다 해도 사람마다 모두 다른 체감경기를 어떻게 예측하는가. 경제전망은 단지 예상 가능한 시나리오를 얘기할 따름이다.

6
날아가는
기러기

 가을 하늘을 가로지르는 기러기의 행렬은 글자 그대로 장관이다. 수십 마리가 V자 행렬로 까욱까욱 소리를 내며 초저녁 들녘의 정적을 깨는 모습은 아무나 쉽게 관찰할 수 있는 일이 아니다. 그것은 어린 시절을 시골에서 보냈던 사람만의 행운이 아니겠는가. 거기에 V자 행렬의 과학적 신비를 더하게 된다면 갑자기 기러기의 지혜가 경외롭기까지 하다.

 앞서 가는 기러기의 날갯짓은 뒤에 오는 동료에게 상승기류를 만들어 준다. V자 행렬이 만드는 상승기류 덕분에 기러기 떼는 최소한 71퍼센트를 더 멀리 날아간다고 하니 어찌 경이롭지 않은가. 더 흥미로운 것은 서로를 위한 지혜와 희생이다. 맨 앞에 날아가는 기러기가 지쳐서 뒤로 물러나면, 곧 다른 기러기가 대체한다고 한다. 대열에서 이탈하면 곧바로 대기의 저항을 느끼기 때문에 V자는 계속 유지된다. 행여 한 마리라도 낙오되어 처지게 되면 반드시 두 마리가 동행하여 끝까지 지킨 후에 다시 떠난단다.

이런 기러기의 행렬을 경제에 응용한 학자가 많다. 경제발전은 날아가는 기러기 행렬처럼 앞서 가는 국가가 있고, 인접국들이 선행 국가를 따라간다는 것이다. 아시아권에서도 일본이 V자의 앞에 있고, 한국과 중국 등은 후행하게 된다는 것이 날아가는 기러기 모형Flying Geese Model의 경제발전이다.

경기상태를 나타내는 지표도 기러기의 행태로 설명할 수 있다. 경기를 정확히 진단하려면 여러 지표가 필요하다. 산업생산이나 도산매 판매 등이 널리 활용되지만 충분치 않다. 경기보다 앞서 가는 선행지표가 있고 뒤에 따라가는 후행지표도 있다. 그리고 실제 경기와 동반해서 움직이는 변수인 동행지표도 있다. 이들 지표를 모두 종합하여 국민경제 전체의 동향을 파악하는 경기종합지수가 작성된다.

일반적으로 통화량, 수출신용장 내도액, 건축허가 면적 등은 경기보다 앞서 가는 선행지표에 해당한다. 건축허가 면적은 맨 앞에 가는 기러기와 같다. 이 지표가 증가하면 곧이어 경기도 활성화된다는 것을 의미한다. 현재 우리나라에서는 재고순환지표, 소비자기대지수, 종합주가지수와 구인·구직비율 등 9개의 지표를 선행지표로 사용한다.

경기 흐름보다 늦게 가는 후행지표에는 회사채 유통수익률, 소비재수입액, 생산자 제품의 재고 등 5개가 있다. 경기가 호황이면 일정한 시차를 두고 소비가 증가하기 때문에 도시 가계의 지출도 후행지표에 해당한다. 한편 경기와 동행하는 지표로는 실질 수입액, 내수출하지수, 도산매업 판매액지수, 서비스업 생산자 수, 건설 기성액, 제조업가동률지수

등 8개가 있다. 이것은 현재의 경기상황을 나타내는 것으로서 호황기에는 고용도 늘어나고 전기사용량도 증가하는 등 동행지표가 변동한다. 대체로 선행지표와 후행지표는 약 3~10개월 정도 경기보다 빠르거나 느리게 움직인다.

체감경기는 과연 어떤 지표와 일치할까? 기업가와 같이 경기에 민감한 경제 주체는 선행지표의 움직임만 봐도 미래를 예측할 수 있을 것이다. 그러나 소비자는 일부에만 국한되어 먼저 나타나는 선행지표를 피부로 느끼지 못하는 경우가 많다. 오히려 소비자가 체감하는 경기는 후행지표와 같이 가는 경우가 많다. 경기 활황이 나타난 뒤에 소비지출도 증가하지 않는가. 물론 이것도 후행지표이기 때문에 실제 경기와는 시차가 있게 마련이다. 이런 이유로 소비자들은 경기의 선행과 후행을 분별하지 못하는 셈이다.

만약 기러기의 행태를 제대로 알고 있었다면, 앞서 가고 뒤에 가는 지혜라도 터득할 수 있었을 텐데. 그래서 체감경기도 더 정확하게 진단하지 않겠는가.

7
함정에 빠진 경제

　최근 세계 경제는 2007년의 충격에서 아직도 벗어나지 못하고 있다. 리먼 브러더즈 사태를 계기로 촉발된 금융위기가 세계 경제의 회복을 여전히 어렵게 하고 있다. 설상가상으로 EU의 부채위기 때문에 세계 경제는 2012년에도 크게 회복될 것 같지 않다는 전망이 많다. 금융위기가 발생한 지 벌써 4년째가 다가오고 있는데 세계 경제는 과연 언제나 회복될 수 있겠는가.

　2007년 미국의 금융위기가 발발하자 미국을 중심으로 주요 20개국 (G20)은 세계 경제를 살리기 위해 국제적인 공조를 통해 천문학적인 금융지원과 재정지출의 확대 정책을 폈다. 주요 선진국의 금리는 0퍼센트 수준으로 낮추고 동시에 정부는 국제적인 공동보조를 통해 재정지출의 확대를 단행하였다. 금리가 낮아지고 재정지출의 확대 되었음에도 경기는 쉽게 회복되지 않고 있다.

경기침체가 길어지자 주요국은 많이 풀린 통화와 재정적자의 누적으로 딜레마에 빠져 있다. 경기침체로 세금 수입은 적은데 지출은 많으니 재정적자가 확대되었다. 적자는 바로 국채를 발행하여 메우고 있다. 그러나 이런 상태가 3년 이상이 되자 이번에는 EU를 중심으로 국채상환의 문제가 발생하게 되었다. 특히 그리스를 비롯한 일부 국가는 EU의 구제금융으로 부도를 겨우 면하고 있고 유로지역 전체가 아직은 침체의 늪에서 헤어나지 못하고 있다.

한편으로 금융정책도 아직은 큰 효과를 거두지 못하고 있다. 미국은 당분간 제로 금리정책을 지속하겠다고 발표하였다. 주요 선진국 역시 사정은 마찬가지다. 금리가 낮아지면 경기가 살아나야 하는 게 일반적인 경제이론의 예측이지만 쉽게 경기가 회복되지 못하자 각종 부작용이 많이 나타나는 것이다.

실제로 일본은 이미 오랫동안 장기불황에 빠져 경기회복의 전기를 마련하지 못한 채 국가 부채가 GDP의 2배를 넘어서 세계 최고의 비율을 나타내고 있다. 경기를 살리려는 정부의 노력에도 경기는 좀처럼 침체에서 벗어나지 못하고 있는 것이다. 결국, 정부지출의 확대는 재정 적자만 확대했다. 0퍼센트의 낮은 이자율에도 투자는 여전히 움츠려 있다. 세계적인 신용평가 회사들도 다투어 미국과 일본 등 주요국의 국가신용도를 강등시키고 있다.

일본 경제처럼 장기 침체 속에 물가마저 하락하는 현상은 전형적인 디플레이션이라고 할 수 있다. 그러나 문제는 디플레이션보다는 이자율을 낮추어 경기를 부양시키려는 정부의 노력이 전혀 먹혀들지 않는 데 있었다. 경기가 침체하면 전통적인 처방은 중앙은행이 이자율을 낮추거나 정부가 재정지출을 확대하는 것이다. 이에 따라 당시 일본의 기준금리는 0퍼센트 내외에 불과하다. 그럼에도 오랫동안 침체가 지속하고 있다. 여기에서 얻을 수 있는 시사점은 무엇인가?

중앙은행이 이자율을 낮추면 돈을 쓰는 비용이 줄어든다. 소비자에게는 저축의 인센티브가 줄어들고 기업에는 돈 빌리는 금융비용이 감소한다. 투자가는 예금금리가 낮아지므로 저축보다는 주식투자에 매력을 느낀다. 자기 돈이 없는 기업도 값싼 이자로 돈을 빌리고 싶은 유혹을 받게 되지 않겠는가. 그래서 이자율을 낮추면 소비와 투자가 늘어나는 것이 자연스러운 경제현상이다. 이런 이유로 경기를 회복시키기 위해서는 이자율 인하를 선호한다.

그러면 이자율이 10퍼센트에서 9퍼센트로 하락할 때와 2퍼센트에서 1퍼센트로 하락할 때의 효과는 어떻게 다르겠는가? 물론 사람의 성격이나 돈에 대한 태도, 집념, 생활습관 등에 따라서 다르게 나타날 것이다. 그러나 누구에게나 이자율이 일정 수준 이하로 내려가면 더는 금리 내리는 것에 반응하지 않는 수준은 존재하게 마련이다. 어떤 소비자는 1.0퍼센트나 0.5퍼센트를 그게 그거라고 생각하고, 어떤 투자가는 1.5퍼센트나 2.0퍼센트는 큰 차이가 없다고 평가할 수도 있다.

만약 투자가가 별 차이를 느끼지 못하는 수준으로 이자율이 낮다면 더는 이자율이 내려도 투자는 변동되지 않을 것이다. 이렇게 되면 이자율 정책으로는 경기를 되살리기가 어렵게 된다. 이런 현상을 케인스는 유동성 함정liquidity trap이라고 명명했다. 금리를 높이거나 낮추어도 더는 반응하지 않는 함정이다. 이 함정에서 빠져나오기 위해서는 금리정책은 더는 효과가 없다. 덫에서 빠져나오려면, 개구리가 뛰어오르듯 과감한 정책이 필요하다. 그렇다고 금리를 0퍼센트 이하로 내릴 수도 없지 않은가.

따라서 유동성 함정에서 빠져나오려면 금융정책보다는 재정지출을 확대하거나 민간소비를 늘려야만 한다. 정부가 지출을 늘리면 소비 수요가 살아나서 기업의 수지를 개선하고 경기를 활성화할 수 있기 때문이다. 그러나 일본에서는 재정지출을 늘렸는데 이번에는 민간 소비가 살아나지 않는다. 또 하나의 다른 함정에 빠져버렸기 때문이다.

8
케인스
혁명

"정부는 사람을 불러서 허허벌판에 땅을 파게 하십시오. 그리고 내일은 다시 사람을 모아 오늘 판 땅을 다시 메우게 하십시오. 그런 방법으로라도 정부가 돈을 풀어야 합니다. 정부가 재정지출을 늘려 사업을 전개해야 경제가 살아날 수 있습니다."

1930년대 초 대공황으로 세계 경제가 극심한 침체에 빠지자 백가쟁명百家爭鳴처럼 수많은 정책제안이 쏟아졌다. 그러나 쓸데없이 땅을 파게 해서라도 임금을 지급해서 경기를 살려야 한다는 주장은 전혀 설득력이 없었다.

당시 학계의 주류는 어떤 경우라도 재정은 건실한 균형을 유지해야 한다는 생각이 지배적이었기 때문이다. 경제가 어려울수록 정부가 중심을 잡고 재정안정을 유지해야 한다는 것이었다. 이런 이유로 대공황 초기에 미국은 균형재정을 고집했고 화폐발행마저 줄이는 긴축정책을 집행했던 것이다.

그러나 경제는 살아날 기미를 보이지 않았다. 이 와중에 당시 무명 경제학자 케인스는 목소리를 더 높여서 적자재정과 정부의 지출확대를 언론을 통해 외쳐댔다. 한동안 아무도 그의 말에 귀를 기울이지 않았지만 여러 정책이 실패로 돌아가자 루스벨트 대통령도 다른 대안이 없었다. 드디어 재정적자를 감수하며 과감한 모험을 시작했던 것이다.

의사는 잘못 진단하면 한 사람의 생명을 잃게 한다. 그러나 경제정책 선택은 수천만 명 생계를 좌지우지한다. 따라서 정부가 적자를 감수한다는 것은 당시로써는 엄청난 모험이 아닐 수 없었다. 그러나 다행히 그 실험은 대성공이었다. 존 메이너드 케인스John M. Keynes가 경제학의 역사를 바꾸는 코페르니쿠스적인 대전환이 이루어지는 순간이었다. 이른바 경제학계에 케인스 혁명이 이루어진 것이다. 그 후 지금까지 경기가 어려울 때 정부가 지출을 확대하는 것은 세계 각국의 글로벌 처방으로 굳어졌다. 당연히 케인스는 세계 경제의 흐름을 바꾼 대경제학자로 남아 있다.

왜 그렇게 케인스의 처방이 받아들여지기 어려웠을까? 케인스 처방 비법은 어디에서 비롯되는 것일까? 경제학을 전공하는 학생들에게도 때로는 혼란을 가져다주는 질문이다. 정부 재정을 가르칠 때는 균형과 안정을 얘기하다가 경제가 어려워지면 적극적인 재정지출이 필요하다고 가르치기 때문이다. 게다가 정부지출의 확대가 부작용을 불러올 가능성도 많은 현실에서 어떤 선택이 바람직한가를 판단하기가 쉽지 않다. 최근 우리 경제에서도 정부가 내년에 적자재정을 확대하겠다고 나서자 일부에서는 벌써 부작용을 우려하고 있다. 과연 어떤 기준으로 평가하는 것이 바람직할까?

경제현상은 대부분 수요와 공급으로 설명되는 경우가 많다. 케인스 혁명도 수요와 공급으로 풀어볼 수 있다. 공장시설이 부족하고 생산능력이 취약한 후진국과 같은 경제에서는 수요는 많지만, 만성적으로 공급이 부족하다. 이런 경제에서는 투자를 많이 하고 시설을 늘려서 생산을 증가시키는 것이 중요하다. 반대로 소비는 가능한 억제하는 것이 바람직하고 투자재원을 마련하기 위해 저축을 강조해야 한다. 우리 경제도 1960~1970년대에 이런 과정을 거치면서 "저축은 미덕이고, 소비는 악덕"이라고 강조해 왔다.

이런 경제에서는 공급이 부족하므로 가격이 올라가기 쉽고 만성적인 인플레이션을 경험하기도 한다. 따라서 민간의 소비뿐만 아니라 정부의 재정지출도 줄이는 것이 경제의 안정화에 도움이 된다. 만약 정부까지 지출을 늘리면 수요가 증가하고 공급은 더욱 부족하게 된다. 이런 연유로 적자정책을 채택해서는 안 된다.

실제로 18세기 후반까지도 세계 경제는 공급보다 수요가 많은 상태에 있었다. 그러나 산업혁명 이후 기계화가 진전하면서 생산능력이 급속히 확대되면서 세계 경제는 점차 수요보다 공급이 많은 구조로 전환하였다. 그 와중에 대공황이 발생했지만, 학계에서는 당시에도 문제의 원인이 예전과 같이 공급부족에 있다고 생각했던 것이다. 그런 구조라면 당연히 재정 안정과 통화 긴축이 필수적이었다. 그러나 수요부족이 문제라는 사실을 인식하지 못한 잘못된 처방은 오히려 침체를 더 심화시키는 역효과를 가져왔던 것이다. 다행히 세상의 변화를 정확히 감지한 케인스만이 "지금은 오히려 수요가 부족하니 적자를 내면서라도 정부가 지출을 늘리라"고 주문한 것이다.

　같은 처방이라도 상황에 따라 그 효과는 완전히 달라질 수 있다. 민간이 소비와 투자가 부족하여 경기침체가 심화하는데 정부마저 긴축재정을 강화하면 경제는 어디로 가겠는가. 물론 허허벌판에 땅을 파는 사업으로 돈을 쓴다면 큰 효과를 기대할 수 없을 것이다. 그러나 재정이 정치에서 자유롭게 경제적 파급효과가 큰 사업에 지출된다면 경기를 살리는 묘약으로 작용할 수 있다. 동시에 기업에 대한 규제도 과감히 철폐하여 투자도 활성화할 수 있다면 금상첨화가 아닐 수 없다. 경제의 성패는 지속해서 변화하는 여건에 얼마나 신축적으로 대응할 수 있느냐에 달려 있다.

9
주문할 때와
계산할 때

"아니, 식사 값이 왜 이렇게 많이 나왔습니까? 메뉴 표의 가격보다 훨씬 더 비싼 것 같은데, 세금이 많이 붙은 겁니까?" "아니요. 세금을 붙인 건 아닙니다. 주문하실 때 값을 지급하셨으면 좋았을 텐데……. 저희 직원이 얘기를 안 했던가요?"

식당 계산대에서 손님과 주인이 벌이는 논쟁이다.

"그렇다면 먹는 동안에 가격이 달라졌단 말입니까?" "죄송합니다만, 그렇게 되었습니다. 저희 식당에서도 인플레이션 때문에 별수 없이 가격을 수시로 조정하게 되었습니다."

도저히 상상이 가지 않는다. 물가가 얼마나 빨리 오르기에 주문할 때와 계산할 때의 값이 다르단 말인가?

다행스럽게도 우리나라 얘기는 아니다. 1982년 볼리비아를 여행한 외국인이 〈뉴욕타임스〉에 기고했던 칼럼에서 인용한 것이다. 그래도 믿어지지 않는다면 통계자료를 보라. 1년간의 인플레이션이 무려 2만 4,000퍼센트에 이르렀으니 하루에 65.8퍼센트씩 뛰어오른 것이다. 하루 활동하는 시간을 10시간이라고 본다면 시간마다 7퍼센트 가까이 물가가 오른 셈이다. 주문할 때와 계산할 때의 가격이 다르다고 따질 수 있겠는가.

인플레이션은 전반적인 물가상승률을 말한다. 물가가 하락하는 디플레이션과 정반대의 현상으로 수요가 공급보다 많은 경우에 발생한다. 물건은 적은데 살 사람이 많으면 자연히 가격이 올라갈 수밖에 없다. 이런 현상이 경제 전체에 미쳐 국민경제의 공급능력이 수요보다도 적을 때 인플레이션이 나타난다.

인플레이션은 물론 공급 측면에서도 나타날 수 있다. 원유가격이나 환율이 상승하여 수입원자재의 가격이 올라가면 공산품의 가격도 뛰기 시작한다. 생산비가 올라 제품가격이 상승하기 때문이다. 이런 현상은 모두 공급부족에서 기인하는 인플레이션이다. 단순히 공급이 부족해서 나타나는 인플레이션은 수요가 지속해서 뒷받침해주지 못하기 때문에 일시적 현상에 그치는 경우가 많다.

그러나 수요 때문에 발생하는 인플레이션은 그렇게 만만치 않다. 하루에 60퍼센트 이상 오르면 누군들 더 물건을 사려 하지 않겠는가. 그래서 투기적 수요가 가세한다. 반면 상점주인은 하루라도 늦게 물건을 팔려고 하므로 공급이 부족하여 물가는 더 올라갈 수밖에 없다. 왕성한 수요가 투기를 부채질하고 투기가 다시 물가를 상승시키는 악순환이 된다. 1980년 남미의 경제처럼 인플레이션의 함정은 벗어나기 어려운 블

랙홀과 같다.

인플레이션의 초기에는 물가가 상승하여 이윤이 늘어난다. 투자와 소득도 함께 증가하는 선순환이 나타날 수 있다. 정부는 물론 모든 사람이 경제를 긍정적으로 평가하는 황홀경에 빠질 수도 있다. 실제 이 유혹 때문에 많은 나라가 인플레이션의 함정에 빠져버리는 것이다. 그러나 어느 날 앞서 가는 사람이 투기자산을 팔기 시작하면 거품은 꺼지고 경제는 공황에 빠지게 된다. 그래서 디플레이션 못지않게 인플레이션도 경제에 엄청난 폐해를 주게 된다.

수요 인플레이션은 재정지출이나 통화 공급이 너무 확대되면 나타난다. 회수하지 못하는 공적자금이 많아져도 원인이 될 수 있다. 그러나 2만 4,000퍼센트의 인플레이션은 어느 날 갑자기 생기는 것은 아니다. 누적된 초과수요, 사회적 불안, 열악한 경제구조와 잘못된 정책 처방이 불러오는 인재人災일 따름이다. 피할 수 없는 재앙은 아니다.

10
'화폐의 환각'에 빠진 근로자

어느 날 구로사와 아키라는 미술관에서 고흐의 그림 앞에 선다. 햇빛 가득한 푸른 하늘과 맑은 물에 둘러싸인 다리가 강렬하게 표현된 그림 〈아를의 도개교跳開橋〉. 그 고혹한 색깔의 조화 속에 그는 한순간 그림 속으로 몰입한다. 그러고는 작품 안에 그려진 사람 속에서 고흐를 찾아 나서고…….

그는 드디어 노랗게 익은 밀밭에서 머리에 붕대를 감은 채 그림을 그리는 고흐를 찾았다. 고흐로부터는 외면당하고 말지만 그럴수록 더 고흐에 빠져드는데……. 그는 환각 속에서 〈밤의 카페 테라스〉〈석양의 버드나무〉〈몽마르트르〉 등 여러 그림에 심취하다가 꿈에서 깨어 제자리로 돌아온다. 그런데 그곳이 바로 밀밭 위를 날아가는 까마귀를 그린 그림 속이 아닌가.

구로사와 아키라 감독이 스티븐 스필버그의 도움을 받아 자신의 환상을 옴니버스 영화로 만든 대작 〈꿈〉의 한 편이다. 때로는 꿈과 현실이 뒤섞여져 어디까지가 환각이고 어디까지가 자신의 독백인지 구별할 수 없다. 하지만 화려한 색채와 몽환적인 분위기가 가득한 '꿈'과 같은 영화이다.

자신이 환각 속에 빠진 것조차 모르고 지내는 일이 어디 영화에서뿐이랴. 경제에서도 현실을 혼동하는 환각 현상이 종종 나타난다. 특히 디플레이션이나 인플레이션 때문에 화폐가치가 크게 변동하는 경우에는 돈에 대한 환각에 빠지기 쉽다. 화폐가치가 떨어진 것은 잊고 두툼한 월급봉투에 행복해한다든가, 국민경제가 모두 침체된다. 한때 자기 월급이 올라간다고 즐거워하는 것도 모두 화폐의 환각에서 비롯된 '환상적'인 생각들이다.

물가가 하락하는 경제를 생각해보자. 올라가는 물가만 경험한 우리에게는 기쁜 소식인 것 같지만, 절대 그렇지 않을 수도 있다. 물가가 내려가면 같은 수량을 판매해도 기업의 매출액은 줄어든다. 디플레이션의 과정에서는 물가가 내려가도 수요가 늘어나지 않는다. 가격이 하락하므로 오늘보다 내일 더 싼 가격에 물건을 살 수 있기 때문이다. 그러니 물건을 사는 것보다 돈을 가진 게 더 이익이 되지 않겠는가. 그래서 소비지출을 연기한다. 1990년대 일본에서 나타났던 현상이다.

이것은 다시 기업의 매출과 이윤을 감소시킨다. 따라서 기업이 이윤을 늘리려면 당연히 비용을 줄여 원가를 낮추어야 한다. 원재료는 물론 임금도 내려야 한다. 실제 물가가 하락하면 임금이 내려가도 실질 임금은 떨어지지 않는다. 그러나 현실에서는 이런 현상이 나타나기 어렵다.

임금협상에서는 실질 임금보다도 명목 임금이 더 중요하기 때문이다. 화폐가치로 평가한 현재의 임금이 중요한 것이다. 화폐의 환각money illusion에 빠져 있기 때문이다. 앞으로 물가가 내려갈 것이므로 임금을 깎자고 하면 누가 수긍하겠는가. 환각에서 벗어나려면 모든 경제 주체가 제대로 된 정보와 믿음을 갖고 있어야 한다.

물론 환각은 때로 즐거움을 가져다준다. 물가는 내려가는데 임금이 고정되어 있다면 얼마나 환상적이겠는가. 그러나 이러한 환각은 일순간 기쁨에 지나지 않는다. 기업의 수익은 더욱 나빠지게 되고 결국은 생산과 고용을 감축할 수밖에 없다. 그렇게 되면 경제는 더욱 위축된다. 내 직장도 온전할 수 없다. 수요가 늘어나고 기업의 이윤이 증가해야 하는데 오히려 거꾸로만 간다면 경제가 어떻게 되겠는가. '화폐에 대한 환각'이 경제침체를 더욱 심화시키는 과정이다.

사람은 이런 현상이 널리 확산할 때쯤 뒤늦게 환각에서 깨어난다. 그러나 환각에서 깨어보니 현실은 암담하기만 하다. 환각은 '꿈' 속에서는 환상적인 즐거움을 가져다줄 수 있지만, 경제에서는 오히려 침체를 악화시킨다. 더 늦기 전에 환각에서 깨어나야 한다.

11
인플레이션은
항상 나쁜가

인플레이션은 얼마나 나쁜 것일까? 예일대 로버트 실러R. Shiller 교수는 경제학자와 일반 시민을 대상으로 한 '인플레이션에 관한 설문조사'에서 특이한 사실을 발견했다. 인플레이션에 대한 집단 간의 인식에 상당한 차이가 있다는 사실을 알게 된 것이다.

예를 들어 근로자의 77퍼센트가 인플레가 자신을 가난하게 만든다고 생각했다. 반면 경제학자는 12퍼센트만이 그런 경향이 있다고 응답했다. 임금과 물가가 고정된 것보다 같은 비율로 상승하는 것이 더 큰 만족감을 주느냐는 질문에 대해서도 큰 차이를 보였다. 근로자의 49퍼센트가 같은 비율이라도 상승하는 것이 좋다고 응답했지만, 경제학자는 단지 8퍼센트만이 그렇다는 것이다. 또한, 많은 근로자가 인플레 억제정책이 매우 중요하다는 처지이다. 반면 경제학자들은 그렇게 큰 우선순위를 두지는 않았다.

아무래도 경제에 대해서는 경제학자가 더 많이 알지 않겠는가. 그래도 뭔가 석연치가 않다. 길거리를 오가는 시민을 붙들고 인플레이션이 왜 문제냐고 물어보라. 아마도 가장 많은 답변은 "돈 가치를 떨어뜨려 근로자들을 가난하게 만들기 때문"이라고 말할 것이다. 월급은 매년 쥐꼬리만큼 오르는데 물가가 상승해버리니 실질소득이 늘어나지 않는 것은 너무도 당연하다. 옳은 지적이 아닌가. 그러나 이것은 인플레이션에 대해 가장 널리 알려진 오류에서 비롯된 것이다.

'상승하는 경제'에 익숙한 사람은 암묵적으로 "만일 인플레이션이 없다 해도, 봉급은 매년 오를 것이고 실질적인 구매력은 더 증가했을 것"이라고 낙관하는 경향이 강하다. 과연 그러할까?

물가가 안정된다고 실질임금이 더 빨리 상승하지는 않는다. 오히려 물가가 오르지 않을 때는 기업의 수입도 늘지 않고 임금도 올라가지 않는 경향이 있다. 물가도 10퍼센트 오르고 임금도 10퍼센트 오른다면 실질적으로는 아무런 차이가 없다. 이것은 화폐 단위가 바뀐 것과 같은 효과를 나타낼 뿐 실질적인 후생에는 어떤 영향도 미치지 않는다. 실질임금과 후생은 명목적인 절대가격이 문제가 아니라 상대가격에 의해서 결정되기 때문이다. 그럼에도 물가와 임금이 같이 올라가는 것에 더 만족을 느끼는 것은 역시 화폐의 환각 때문에 발생하는 현상이다.

실질임금은 결코 정부가 얼마나 많은 돈을 찍어내느냐에 따라 결정되지 않는다. 실질임금은 기술발전으로 생산성이 향상되거나 자본축적으로 근로자가 더 많은 자본재를 사용할 수 있을 때 올라가게 된다.

그렇다면 인플레이션을 예찬해야 하는가. 물론 그렇지는 않다. 인플레이션은 많은 사회적 비용을 유발한다. 그러나 결론부터 말하자면 '단기의 완만한 인플레이션'은 일반인들이 널리 생각하는 것처럼 그렇게 심각한 피해를 가져다주지는 않는다. 특히 모든 사람이 기대했던 대로 인플레이션이 완만하게 나타날 때는 사회적 비용이 많이 들지 않는다.

물가가 상승하면 기업은 상품의 값을 수시로 바꾸고 계약도 다시 해야 한다. 광고물도 다시 찍어야 한다. 이와 같은 비용을 메뉴 비용menu cost이라고 한다. 인플레이션은 높은 이자율을 동반한다. 은행에 예금하는 경우 한꺼번에 큰돈을 찾기보다는 조금씩 자주 찾아 쓰는 편이 더 많은 이자를 받을 수 있다. 따라서 수시로 은행을 들락거리게 되어 신발이 닳게 되는 구두 밑창 비용shoe leather cost도 발생한다. 세금이 왜곡될 수도 있다. 부동산의 명목 시가가 올라가니 양도차액에 부과되는 세금도 많아질 수 있다. 따라서 조세부과의 왜곡도 발생한다.

기대하지 않은 물가상승이 나타나면 채무자는 즐거워하고 채권자는 울상이 된다. 사회 전체적으로는 더 계산해보아야 한다.

12
물가가 오르면
이자율도 오른다

"1억 원을 맡겨도 월 이자가 겨우 40만 원도 안 되니 어떻게 살아가란 말입니까? 구조조정에 밀려 이른 나이에 명퇴했는데 3억 받아서는 도저히 생활할 수가 없군요. 예전 같으면 거액이라서 이자 수입도 쏠쏠했지만, 지금은 살길이 막막합니다. 물론 주식시장에서 반 토막을 날려버린 친구들보다는 낫지만, 이렇게 금리가 낮아도 되는 겁니까? 이자수입으로 살아가는 사람도 배려해줘야지요. 실질금리는 오히려 0퍼센트도 안 됩니다."

은행이자에 의존하는 사람의 한결같은 소리이다. 정부는 정말 배려할 일도 많다. 기업을 살리고 증시를 부양하자니 낮은 금리를 유지해야 한다. 하지만 이번에는 퇴직자나 연금생활자의 불만이 많다. 물론 낮은 금리 때문에 더 큰 손해를 입는 서민들도 많다. 주택이나 건물을 가진 자산가들이 세입자에게 낮은 금리에 대해 화풀이를 하기 때문이다. 낮은 금리에 대하여 시장은 정말 빨리도 대응한다.

그렇다면 물가상승을 제외한 실질금리 0퍼센트가 정말 지속할 수 있을 것인가? 은행에서 주는 명목금리가 5퍼센트인데 인플레이션은 6퍼센트라면 실질금리는 −1퍼센트가 된다.

다행히 이 문제에 대한 해답을 발견한 경제학자가 있다. 피셔I. Fisher는 명목이자율이 실질이자율과 인플레이션의 합계이므로 물가 상승률이 오르면 명목금리는 당연히 오른다고 밝히고 있다. 더 나아가 실질이자율이 변하지 않는 상황에서는 통화량이 증가하면 인플레이션을 불러온다. 그것은 다시 명목이자율을 상승하게 한다는 것이다.

어찌 보면 당연한 얘기이지만 인과관계가 그렇게 단순하지만은 않다. 더 간략하게 풀어쓴다면 통화량이 1퍼센트 증가하면 인플레이션이 1퍼센트 나타난다. 명목이자율을 1퍼센트 상승시킨다는 논리이다. 이렇게 인플레이션이 명목이자율을 상승시키게 되는 현상을 경제학에서는 피셔 효과Fisher Effect라고 부른다.

실제로 피셔 효과는 우리나라를 포함한 세계 56개국의 분석에서도 엄연한 사실로 증명되었다. 높은 인플레이션이 나타나면 명목이자율도 물가상승에 적응하여 높게 형성되었던 것이다. 예외가 있었다면 인플레이션이 없었던 19세기 후반과 20세기 초에 국한된다. 인플레이션이 없었던 당시에 갑자기 물가가 상승했다. 명목이자율을 상승시키지 않았던 것이다. 그것은 피셔 효과가 틀린 것이 아니라 미처 예상치 못한 인플레이션이 갑자기 나타났기 때문이라고 설명한다. 따라서 경제학의 정설은 명목이자율은 '예상되는 인플레이션'에 따라서 움직인다는 것이다.

우리의 상황은 어떠한가? 당신은 올해의 물가상승률이 얼마나 높을 것이라고 기대하는가? 만약 인플레이션이 높게 나타날 것이라고 예상한 다면 머지않아 명목이자율도 상승하리라. 그러나 아무도 기대하지 않은 물가상승이 나타난다면 당분간 명목금리는 오르지 않을 수도 있다. 어 느 쪽일까?

우리는 불행히도 과거에 인플레이션의 경험이 있다. 따라서 물가상승 에 대한 기대도 만만치 않다. 그렇다면 명목금리도 곧 오르지 않을 수 없 다. 피셔 효과를 믿고 물가가 오르리라고 기대한다면……. 예금 생활자들 이여, 너무 큰 걱정을 하지 마라.

13
'모던 타임스'의 불안

찰리 채플린은 컨베이어 벨트 앞에서 너트를 조이는 일을 한다. 자동화된 기계 속에서 얼마나 단순한 일에만 심취했던지 지나가는 여자의 옷 단추만 보아도 너트처럼 조이려 든다. 그래서 신경쇠약으로 치료를 받고 나오지만 채플린 앞에는 더 참담한 공황의 비극이 기다리고 있다.

떠돌이 노동자로 전전긍긍하는 것은 차치하고라도 실수로 밟은 판자가 돌멩이를 날려 경찰에 체포된다. 또한, 무심코 흔든 트럭의 깃발 때문에 시위 주동자로 투옥되기도 한다. 그의 연인인 소녀 가장 역시 파업 와중에서 총성에 아버지를 잃는다. 대공황의 사회적 혼란 속에 한 소시민의 삶이 어떻게 자유로울 수 있었겠는가. 실업과 파업, 굶주림과 범죄, 시위와 소란으로 가득 찬 혼란 속에서 사람은 그저 하루하루를 이어가는 데 자족해야만 한다.

이쯤 되면 영화 팬들은 무슨 얘기인 줄 짐작하리라. 천재 배우라는 찰리 채플린이 감독과 주연은 물론 각본, 음악, 안무까지 1인 5역을 맡아 1930년대 공황과 실업을 배경으로 만든 영화 〈모던 타임스Modern Times〉에 나오는 모습이다. 영화 속에는 시대를 잘못 만나 '근대적modern' 대량생산의 양식이 빚어낸 비극을 체험해야만 했던 시민의 서글픈 모습들이 가득 담겨 있다. 최근 세계 경제의 침체를 우려하는 사람은 행여 찰리 채플린이 21세기에 다시 등장하지 않을까 하는 불안감을 떨쳐버리지 못한다.

자본주의의 모순으로 빚어졌다는 그 위기, 이윤만 좇는 악덕 기업가 때문에 필연적으로 발생할 수밖에 없었다고 비난받았던 대공황, 그것은 실로 자본주의 역사상 가장 큰 비극으로 기록된다. 1929년 10월 24일 미국의 증권시장이 붕괴하면서 시작되었던 대공황은 1933년에 절정에 달한다. 주가는 80퍼센트나 하락하고 실업률은 3.2퍼센트에서 25.2퍼센트로 상승했다. 국민소득은 30퍼센트나 줄어들었다. 직장과 돈과 집을 잃은 수많은 사람이 마천루에서 목숨을 끊었다. 그리고 이런 현상은 전 세계에 미쳤다.

그렇게 비참했던 대공황이 화폐의 공급부족에서 비롯되었다. 디플레이션으로 더욱 심각하게 악화하였다는 사실은 널리 알려지지 않았다. 실제로 물가는 1929년에서 1933년 사이 24.2퍼센트나 떨어졌고 통화량도 25.0퍼센트나 줄어들었다. 물가가 내려가면 소득과 자산의 실질가치가 올라간다. 따라서 소비도 늘어나지 않겠는가.

당시의 경제학자들은 이런 효과 때문에 물가를 낮추고 통화 공급을 억제하는 것을 바람직한 정책으로 받아들였다. 물가가 하락하여 자산의 실질가치가 올라가면 소비도 늘어나는 현상을 흔히 '피구 효과Pigou Effect'라고 한다. 피구 효과를 믿는 당시 학자들에게는 긴축정책이 당연하였다.

그러나 물가가 내려가는 디플레이션이 생기면, 피구 효과보다도 자산의 재분배현상이 더 크게 나타날 수 있다. 예를 들어 채권자와 채무자의 이해관계를 살펴보자. 디플레이션은 채권자가 받아야 할 빚의 가치를 오르게 하그, 채무자가 갚아야 할 빚도 당연히 올라간다. 인플레이션과 달리 채권자가 더 혜택을 보고 채무자가 손실을 보는 것이다. 그렇게 되면 채권자는 더 많이 소비할 수 있지만 채무자의 소비는 줄어들 수밖에 없다.

두 사람의 소비성향이 같다면 경제에 미치는 영향은 큰 차이가 없다. 그러나 채권자와 채무자 중 누가 더 소득 중에서 소비하는 비율이 높은가? 실제로 채무자가 채권자보다는 더 높게 나타난다. 이것은 곧 소비성향이 높은 채무자의 소득을 낮추기 때문에 경제 전체 소비가 많이 줄어든다. 바토 부채가 많은 경제에서 디플레이션이 나타날 때 경제를 더욱 어렵게 하는 이유다. 흔히 부채-디플레이션 이론이라고 부른다.

디플레이션은 투자와 소비를 지연시키는 요인도 된다. 물가하락이 기대되는 상황에서 어떤 기업이 투자를 서두르겠는가. 내일 물가가 하락하는데 오늘 물건을 사려는 어리석은 사람이 어디 있겠는가. 디플레이션은 이런 이유로 국민경제를 더욱 침체시키는 요인이 된다. 그래서 물가하락을 불러온 통화 긴축도 대공황의 중요한 원인이 되었다.

14
미다스의
손

　미다스는 부와 재력을 상징하는 황금의 손으로 유명하다. 미다스는 그리스 신화에서 부자로 소문난 프리기아 왕으로 손에 닿는 모든 것을 황금으로 바꿀 수 있었다. 아무리 신화라지만 세상 사람은 그 능력을 얼마나 부러워했겠는가?

　그 환상 같은 능력은 대단치 않은 친절에서 비롯되었다. 하지만 미다스의 운명은 세인의 기대와는 달리 비운으로 막을 내렸다. 미다스는 주신酒神 디오니소스를 길러주었다는 시레노스가 길을 잃고 헤매는 것을 발견하고 후대하여 돌보아주었다. 그 미담을 들은 디오니소스는 미다스의 소망 하나를 들어주겠다고 약속했다. 부자가 되고 싶었던 미다스는 만지는 것마다 황금으로 변하게 해달라고 했다. 미다스는 소원이 성취되자 한때 행복했지만 음식은 물론 아내까지도 황금으로 변하는 황당함이 뒤따랐다. 그러자 미다스는 신에게 다시 간청하여 파크톨로스 강에서 목욕한 후 다시 원래로 돌아왔다. 그 강에서는 그때부터 사금이 나왔다고 한다.

경제구조가 급격히 변화할 때는 미다스의 꿈이 종종 이루어진다. 디지털 혁명으로 신경제가 움트는 최근에도 미다스처럼 황금의 행운을 얻는 사람이 있지 않은가. 코스닥 열풍 속에 신흥재벌도 탄생하고 스톡옵션으로 거부가 되는 경영인도 있다. '닷컴.com'의 도메인 주소 하나로 백만장자가 되기도 한다. 그러나 그 행운은 소수에게만 돌아간다. 다수는 강가에서 사금을 채취하고 있을 뿐이다. 그래서 쿠즈네츠의 가설처럼 급격한 성장은 소득분배의 왜곡을 가져오기 쉽다.

만약 성장의 과실이 고르게 분배된다면 상위 20퍼센트나 하위 20퍼센트 국민의 소득이 모두 같아야 한다. 그러나 우리 경제는 이 비율이 1999년에는 5.57배에 달했다. IMF 체제 이후 더 왜곡되었다고 한다. 왜곡의 정도를 보다 정교하게 계측하려면 지니Gini 계수를 이용해야 한다. 먼저 직사각형을 그리고 수평축에다 인구, 수직축에다 소득의 누적 분포 비율을 적어놓는다. 이 직사각형에 인구 분포와 소득 분포의 점을 하나씩 찾아 나간다. 만약 5퍼센트의 인구가 전체 소득의 5퍼센트, 15퍼센트의 인구가 15퍼센트의 소득을 차지하는 등 완전히 고르게 분포되어 있다면 그 점들은 바로 직사각형의 대각선을 이루게 된다.

그러나 실제로는 저소득층인 하위 5퍼센트가 전체 소득의 5퍼센트를 갖지 못하므로(예를 들면 0.5퍼센트), 대각선 아래에 점들이 나타난다. 실제 분포를 나타내는 이 점들을 로렌츠 곡선Loernz Curve이라고 한다. 그렇게 하면 대각선과 로렌츠 곡선이 초승달 같은 형상이 된다. 분포가 왜

곡될수록 로렌츠 곡선은 대각선 아래로 내려오고 초승달은 더 커지게 된다. 이때 대각선 위의 삼각형(분모)과 초승달(분자)의 비율이 바로 지니 계수가 된다. 완전한 균등 분포에서는 로렌츠 곡선과 대각선이 일치하여 초승달이 없으므로 지니 계수가 0이 된다.

반대로 '미다스' 한 사람이 모두 독차지한다면 초승달은 대각선이 만드는 전체 삼각형과 같게 된다. 분모 분자의 값이 일치하여 1이 된다. 그렇듯이 소득불균등이 심화하면 지니 계수가 높아진다. 우리의 지니 계수는 1997년의 0.28에서 2009년에는 0.320으로서 그 수치가 1979년 이후 가장 높았다. 10.7퍼센트라는 고도성장 속에 소득 분포의 왜곡이 심화한 셈이다.

그렇다면 지니 계수가 0이 되는 것이 가장 이상적인가? 이상적이라고 해도 실현 가능성이 없지 않은가. 한 사람이 독차지하는 상태인 1이 되는 것도 상상할 수 없다. 미다스의 손과 사금을 캐는 작은 손들을 일정 수준에서 조화시켜야 한다. 모두가 만족하는 적정한 지니 계수는 얼마인가?

15
불평등을 못 참는 문화

"오늘은 정말 내 생애에서 가장 감개무량한 날입니다. 불과 얼마 전에 빈손으로 상경하여 막노동판을 전전할 때 이 학교의 신축공사장에서 돌을 나르며 일을 했는데……. 내가 바로 이 자리에서 명예박사 학위를 받다니 정말 감회가 남다릅니다."

졸업식장에는 항상 많은 일화가 있게 마련이다. 특히 사회적 업적으로 명예학위를 받는 인사들의 인생역정이 화제가 되는 경우가 많다. 이 눈물 어린 감회의 주인공은 바로 '왕 회장'으로 널리 알려진 현대그룹의 고 정주영 전 명예회장이다.

그가 1995년 3월 고려대학교에서 일곱 번째의 명예박사 학위를 받으면서 떨리는 목소리로 주위를 숙연케 했던 말이다(〈한국일보〉, 1995년 3월 20일). 그는 소학교를 졸업한 후 상경해 공사판 일꾼과 쌀가게 점원으로 일하다가, 1940년 아도 서비스 공장을 합자로 설립한 이후 자수성가하여 세계 굴지의 재벌을 육성했다. 대 현대그룹 오너가 불과 몇십 년 전에 그렇게 가난했다니 도저히 믿어지지 않는다.

그러나 경제개발계획을 처음 시작했던 1962년에는 1인당 국민소득이 80달러 정도에 불과했다. 정 회장뿐만 아니라 우리가 모두 가난했다. 적어도 경제적으로는 너나 할 것 없이 최저 생계 수준에서 평등했던 것이다. 보릿고개를 걱정해야 했고 나라 전체가 구호물자에 의존하지 않을 수 없었던 시절이 있었다.

그러나 성장의 다이내믹스는 많은 사람을 짧은 시간에 변화시켰다. 불행히도(?) 모든 사람이 왕 회장처럼 거부가 된 것은 아니지만 모든 국민의 절대 소득은 크게 향상되었다. 이와 함께 낮은 수준의 '평등'은 빠른 속도로 깨어졌다. 국민의 소득분배에 대한 불만은 더 고조되어왔다.

과연 우리의 소득분배는 성장 과정에서 다른 나라에 비해 더 악화되어왔는가? 소득분배의 지표인 지니 계수를 국제적으로 비교하면, 그 대답은 전혀 그렇지 않다. 이미 세계은행에서는 한국을 성장과 분배를 동시에 성공적으로 달성한 개도국으로 평가한 바 있다. 우리의 불균등 도는 남미와 동남아와 비교도 안 될 정도로 낮으며 미국과 같은 선진국에도 견줄 수 있는 수준이다. IMF 체제 이후 지니 계수가 악화하였지만, 지수 상으로는 아직도 소득분배가 양호한 수준에 있다.

그럼에도 지수와는 관계없이 국민이 체감하는 불균등 도는 훨씬 더 높은 것 같다. 왜 국민이 그렇게 분배에 만족하지 못하는가? 그것은 경제적 요인보다는 오히려 문화적인 특성에서 비롯된다. 우리 사회는 문화적 동질성이 세계에서 가장 높은 구조적 특성이 있다. 단일민족으로 역사, 언어, 문화가 동질적일 뿐만 아니라 불과 얼마 전까지만 해도 모두 평등하게 가난하지 않았는가. 이외는 미국은 말할 필요도 없다. 싱가포르와 같은 도시국가는 물론이고 유럽의 작은 나라들도 모두 인종과 언어 등에서 이질성이 강한 특성이 있다.

이질적 사회에서는 남의 소득에 관심이 적지만 동질성이 높은 문화에서는 그렇지 않다. 따라서 소득분배의 왜곡을 받아들이는 사회적 수용도가 매우 낮다. 조금만 분배가 왜곡되어도 불평불만이 늘어난다. 이것은 불균등에 대한 사회적 용인도social tolerance level의 문제이다. 이런 사회에서는 능력 있는 '남'이 '나'를 뛰어넘어 앞서 가는 것을 곱게 보아주지 않는다. 그래서 배고픈 것은 참아도 남이 배부른 것은 참지 못한다는 말이 나온다. 평등 지향적 사회에서는 늦어도 모두가 천천히 가는 것을 좋아한다. 그런 경제의 끝은 어디인가. 왕 회장의 눈물 어린 감회를 찾아볼 수 없는 삭막하고 얼어붙은 세상이리라.

16
평등과 효율의 딜레마

　평등과 효율은 서로 상충하는 경우가 많다. 성장은 분배하기에 앞서 나누어줄 수 있는 빵을 먼저 크게 만드는 과정이다. 따라서 성장 과정에서는 효율성을 강조한다. 지속적인 경제성장은 제한된 자원을 효율적으로 활용해야만 달성할 수 있기 때문이다. 성장의 원동력이 되는 발명, 기술개발, 비용 절감도는 따지고 보면 모두 효율성의 개선이다.

　그러나 평등 지향적인 정책은 빵의 크기보다는 각자에게 돌아갈 분배의 몫을 먼저 고려한다. 빵이 아무리 커져도 상대적으로 자기 몫이 적어지면 마음이 편할 리 없다. 그래서 남이 가져가는 빵을 곁눈질하며 '공평한fair' 분배에 관심을 두게 된다. 그렇다면 무엇이 공평한 분배인가? 효율성의 잣대는 명확하다. 하지만 형평성의 기준은 반드시 그렇지 않다. 효율성은 최소의 비용으로 최대의 효과가 있지만, 바람직한 형평성의 기준은 과연 어떻게 설정해야 하는가? 모든 국민이 같은 소득을 갖게 하여 지니 계수가 0이 된다면 모두 만족할 수 있는가? 절대 그렇지 않을 것이다. 그것은 실현될 수도 없고 바람직하지도 않다. 그렇다면 어떤 분배의 기준이 가장 공평하고 바람직한가?

어느 날 A, B, C 세 사람이 마치 로빈슨 크루소처럼 망망대해의 고도에 남게 되었다. 세 사람은 나이, 신체조건, 능력이 모두 비슷했다. 차이가 있다면 단지 성격뿐이었다. 개미형의 A는 다음날부터 부지런히 노력하여 그럴싸한 집도 짓고 폭풍에 대비한 식량도 장만했다. 메뚜기형의 B는 느긋한 성격이었지만 제 앞가림은 할 정도였다.

문제는 베짱이 같은 C였다. 천하태평인 C는 매일매일 무위도식으로 버텨나갔다. 이런 생활을 하며 몇십 년이 흘렀다. 처음에는 같은 조건으로 출발했지만, 시간이 흐를수록 격차가 크게 벌어졌다. 마을로 이어지는 도로, 교량, 주변 환경의 개선은 물론 모든 '공익'을 위한 비용은 모두 개미의 책임이 되었다. 그러나 개미는 점차 마음이 편치 않았다.

"나도 베짱이처럼 지낼 수 있는데……."

B는 부유한 사람이 더 많이 부담하는 것이 공평하다고 설득하지만, 한 '공동체'에서 살아가는 베짱이를 어디까지 도와주는 것이 과연 형평성의 논리에 적합한 것인지(S.T. 랜스버그, 《페어 플레이》에서 인용).

이것은 단순한 우화가 아니다. 남이 가진 장난감을 달라고 막무가내로 울어대는 어린아이에게 무엇이라고 가르치는가? 대답은 분명하다. 그러나 정작 어른들의 세상에서는 반드시 그렇지는 않다. 많이 번 사람이 훨씬 더 많은 세금을 내는 누진세가 사회제도로 보편화하여 있지 않은가. 평등성을 강조하자면, 오히려 누진세보다 모든 사람이 같은 세금을 내는 인두세가 더 평등할 수도 있지 않을까. 건강보험의 통합, 학교 교육의 평준화, 기여 입학제의 논란도 모두 평등과 효율의 딜레마다.

평등 지향적인 사회일수록 개미형 인간이 살아남을 공간은 더욱 열악해진다. 일하는 것보다 막무가내로 울어대는 것이 낫기 때문이다. 그래서 능력에 따라 일하고 필요에 따라 분배하자는 사회주의의 실험도 실패로 돌아갔다. 스웨덴이나 핀란드와 같은 복지 지향적인 경제의 고민도 여기에 있다.

경제성장이 모든 사람을 행복하게 만들지는 못한다. 그렇다고 분배의 형평만으로 사회 후생이 증가하는 것도 아니다. 개인의 물질적 행복은 자신의 몫을 마음의 욕구로 나눈 값이다. 효율성이 낮으면 전체의 몫이 증가하지 않는다. 반면에 성장은 단지 몫을 크게 해줄 뿐이고 욕구를 줄여주지는 못한다.

족함을 아는 사람은 부족해도 즐겁게 살지만,

족함을 모르는 사람은 부귀를 누리면서도 근심 속에 산다.

知足者 貧賤亦樂 不知足者 富貴亦憂

— 송임포, 〈성심록省心錄〉

4장 기업경제학

1
왜 사랑하고
결혼하는가

······

그때 우리는 이슬 젖은 솔숲을 거닐면서 말했습니다

우리는 영원히 하나가 되리라고

푸른 밤 고요한 달빛 아래

손가락 마주 걸고 맹세도 했습니다

······

잊을 수 없는 우리만의 밀어

버릴 수 없는 우리만의 꿈

약속의 언어로 쌓아 올린 종탑

높은 정신을 기억할 것입니다

그리하여 가장 꼭대기에 매단

사랑과 헌신의 종을 힘껏 치렵니다

아~ 이토록 아름다운 하늘 아래

이토록 가슴이 빛나는 날에

둘이서 하나가 되면

둘이서 하나가 되면

……

죽음이 우리를 갈라놓을 때까지……

— 김후란, 〈둘이서 하나이 되어〉

사랑은 그렇게 두 사람이 하나가 되는 것을 간절하게 열망한다. 그래서 처연하도록 애달픈 사랑의 밀어와 약속을 가득 담은 채 오늘도 수많은 두 사람이 바그너의 〈로엔그린〉 행진곡에 맞춰 세상에 걸어 나온다. 우리나라에서는 하루에 893쌍이 하나가 된다고 한다.

그러나 그 곡의 여운이 사라지기도 전에 헤어지는 사람도 부쩍 늘고 있다. 하루에 태어나는 쌍의 거의 1/3에 해당하는 커플이 갈라선다고 한다. 통계청이 발표한 2010년 인구동태조사 결과다. 혼자서는 하루도 못 살 듯이 사랑하던 사람이 이런저런 이유로 등을 돌리는 모양이다. 사랑이나 결혼과 같은 사회현상은 경제학적으로 어떻게 설명할 수 있을까?

경제학에서는 사람의 모든 행동을 '합리성'의 잣대로 분석할 수 있다. 따라서 사랑과 결혼은 물론 범죄와 같은 행태도 분석대상이 된다. 특히 사랑, 결혼, 가족의 경제학은 오래전부터 논의되어왔다. 물질을 다루는 학문이 감히 인간의 사랑까지 다룰 수 있겠느냐고 힐난할지도 모른다. 하지만 경제학의 접근방법을 이해하는 데 도움이 되기 때문에 한 번쯤 시도해볼 가치는 있을 듯하다. 실제 경제학은 인간의 행동에 관련된 현상을 다루기 때문에 지금의 대학에서는 경제학과가 인문대학에 속해 있지 않은가.

결혼은 왜 하는가? 물론 사랑하니까. 더는 무슨 명답이 있겠는가. 그러나 왜 하필이면 사랑하는 사람과 결혼하는 것일까?

서로 사랑하면 아내의 행복이 나의 기쁨이 되고 남편의 즐거움이 나의 만족이 된다. 그래서 서로 기쁘게 만들려고 노력한다. 사랑은 이해관계의 갈등을 줄여주며 상대방을 위해주는 이타적인 행동을 불러일으킨다. 그래서 사랑을 하면 인생의 모든 것에 대한 종합적인 딜package deal이 가능하게 된다. 그 '빅딜'이 바로 결혼인 셈이다. 서로가 계약서를 작성하는 것은 아니지만, 공동의 행복을 추구하기 위해 암묵적인 동의를 하는 셈이다.

그 결과 결혼은 가정이라는 특이한 형태의 조작을 탄생시킨다. 결혼은 같이 사는 기쁨을 증대시키고 떨어져 있는 아쉬움의 비용은 감소시킨다. 두 사람이 소득, 집, 성적 호감을 공유하고 집안관리와 육아 등을 위해 동업한다. 따로 살기 때문에 지급했던 비용을 줄이게 된다. 이 과정에서 구모의 경제와 분업의 장점도 나타난다. 그렇게 보면 가정도 기업과 크게 다를 바 없다.

기업이란 원래 독립된 개인들이 거래비용을 줄이기 위해 서로 합해서 만든 조직이다. 그러나 기업이 이윤을 극대화하는 반면에 결혼은 서로의 행복을 극대화한다. 사랑하는 사이는 상대방의 기쁨이 자신의 행복이기 때문에 기업보다는 동업의 조건이 더 쉽게 정의된다. 두 사람이 공동으로 소유하고 경영하며 상대방을 위한 이타적인 행동을 할 수 있는 특수한 형태의 조직이기 때문이다.

그렇게 보면 경제적 관점에서도 '둘이서 하나가 되어'는 충분한 동인動因이 있는 셈이다. 시장에서 경제 주체가 스스로 움직여서 균형을 찾아가는 것과 같다. 누가 권하지 않아도 짝을 찾아 나서는 사람이 있게 마련이다. 그러나 과연 하나가 되는 비용은 존재하지 않는가?

2
사랑할 때와
헤어질 때

조애너는 어느 날 갑자기 남편 테드와 아들 빌리마저도 버리고 가정을 떠나기로 한다. 남들이 보기에 아무런 문제가 없어 보였던 평범한 크레이머 가족에게 폭풍이 몰아닥친 것이다. 광고회사에서 일에 파묻혀 사는 테드에게는 갑자기 비상이 걸렸다. 느닷없는 아내 조애너의 기행(?)으로 직장 일에다 집안일과 빌리의 양육까지 겹쳐버린 것이다. 테드는 특별히 잘못된 것도 없었던 평범한 가정을 버린 조애너가 원망스럽기도 했다. 하지만 자신의 인생을 찾겠다고 나선 조애너를 되돌릴 수는 없었다.

그러나 아들 빌리와 지내는 생활에 익숙해질 무렵 조애너는 아들의 양육권을 찾기 위해 소송을 제기한다. 테드는 분노하며 아들을 지키려 노력한다. 하지만 직장에서 해고당하고 법정에서 아들마저 빼앗기는 수모를 당한다. 결국은 조애너가 스스로 포기하고 만다. 더스틴 호프먼의 서투른 주부 역할이 코믹하게 전개되며 아빠의 양육권에 무게를 실었던 영화 〈크레이머 대 크레이머〉의 줄거리다. 그러나 이제 어디 이런 일이 크레이머 가정뿐이랴. 통계에 의하면 한국에서도 2010년 한 해 동안 11만 7,000쌍이 갈라섰다고 한다. 그중에는 15년이 지난 부부도 38.3퍼센트나 된다. 크레이머 가정처럼 미성년 자녀를 둔 가정도 53.8퍼센트나 된다고 한다.

결혼은 사랑하는 두 사람이 만나 기업과 같은 조직을 만드는 것이라 했다. 함께 지내면 규모의 경제가 발생하고 서로 위해주는 이타주의가 효용을 증대시킨다. 헤어져 사는 거래비용도 감소시킬 수 있기 때문에 결혼한다. 사랑이라는 묘약으로 서로에게 전문화된 서비스를 제공할 수 있기 때문에 가정은 항상 바깥보다 좋은 '스위트 홈'이라 했다.

그런데 왜 헤어지는가. 결혼은 마치 암묵적인 장기계약과 같다. 경쟁 시장에서 수많은 사람 중에 최고의 배우자를 선택한다. 하지만 결혼하는 순간부터는 서로가 서로에게 꽉 얽매인 쌍방독점의 장기계약을 체결한 것과 같다. 마치 특정 기업에만 가치 있고 다른 기업에는 쓸모없는 자본locked-in capital과 같다. 이런 특성 때문에 결혼 전후의 행동이 달라진다. 이기심이 이타심을 압도하며 장기계약의 안정성 때문에 함부로 대하는 도덕적 해이 현상도 나타난다.

그렇다고 명문화된 상세한 계약을 체결할 수도 없지 않은가. 어느 변호사가 모든 조건을 결혼의 계약서로 명시할 수 있겠는가. 사랑에는 조건이 없다고 하지 않았는가. 게다가 암묵적 계약을 엄격히 이행하게 하는 공권력도 마땅치 않다. 그래서 때로는 서로의 기대에 벗어나도 참고 지낼 수밖에 없다. 결혼이라는 암묵적 계약이 불완전하여서 두 사람 사이에서 또 다른 거래비용이 발생하는 것이다.

게다가 가정은 외부로부터 치열한 경쟁의 압력에 노출되어 있다. 아내와 남편에게는 외부의 끊임없는 유혹이 있게 마련이다. 배우자의 사랑에 대한 한계효용을 체감하고 함께 사는 거래비용이 커질수록 그 유혹을 뿌리치기 어렵다. 그럼에도 장기계약을 깨뜨리는 비용 역시 만만치 않다. 둘이서 만든 모든 습관과 문화들을 날려 보내고 정들었던 친지와도 헤어져야 한다. 가장 치명적인 것은 아무리 좋은 다른 배우자도 내 아이의 부모는 될 수 없다는 사실이다. 이론적으로는 파기할 수 있는 계약이 그렇지 않은 것보다 당사자의 효용을 증가시킨다지만 배우자를 바꾸는 데는 역시 큰 비용이 수반된다.

만나는 것도 헤어지는 것도 모두 거래비용에서 비롯된다고 한다. 사랑은 아이로니컬하기만 하다. 우리가 너무 변덕스러워서일까? 물론 그 비용은 객관적으로는 측정할 수 없다. 때로는 사랑으로 녹일 수 있는 사소한 것도, 헤어질 때는 빙하처럼 커 보이기만 한다. 그래서 크레이머의 비용은 경제학으로는 계산하기 어렵다.

3
기업 구조의
삼각형

삼각 구조는 항상 복잡하고 미묘한 것일까? 안정성의 상징인 삼각형은 약간만 구도가 달라져도 불안정한 모습으로 변한다. 삼각형은 5개의 중심을 가지고 있다. 3개의 중선中線이 만나는 무게 중심이 있다. 안쪽과 바깥쪽에 내접하는 원의 중심인 내심과 외심, 또한 수심垂心과 방심傍心도 있다.

간단한 삼각형 속에 그렇게 많은 마음心이 각자 다른 곳에 있으니 복잡하고 안정을 찾기가 어려울 수밖에 없는가 보다. 그래서 사람 관계도 둘이서는 적고 셋이서는 많다는 말이 있지 않은가.

기업도 역시 미묘한 삼각 구조로 되어 있다. 그 삼각형의 세 꼭짓점은 소유, 지배, 경영 구조이다. 이름 하여 기업 구조의 삼각형이라고 부른다. 소유 구조는 기업을 누가 가지고 있는가Own, 경영 구조는 누구에 의해서 어떻게 경영Manage되는가, 지배 구조는 기업이 실제 누구에 의해서 관리되고 통제Control되고 있는가를 나타낸다.

소유 구조는 기업의 대주주와 소액 주주를 포함한 소유 분포가 어떻게 구성되는가를 설명한다. 경영 구조는 부가가치를 창출하는 경영활동이 어떻게 이루어지는가를 설명한다. 즉 생산, 마케팅, 투자, 노사관계 등의 경영실태를 나타낸다. 지배 구조는 기업의 중요한 의사 결정이 어떤 과정을 거쳐 이루어지고, 최고 경영자와 임원이 어떻게 임명되는가를 설명한다. 소유 구조에서는 주주, 지배 구조에서는 최고 결정권자인 이사회, 경영 구조에서는 최고 경영자가 따로따로 가장 핵심적인 역할을 한다.

기업이 가족 중심의 자기 자본으로 운영될 때 소유주, 경영자, 지배자가 모두 한 사람이기 때문에 기업 구조의 삼각형은 사실상 한 점에 불과하다. 삼각형을 형성하지 못하기 때문에 모든 게 너무나 단순하게 결정된다. 그러나 기업이 점차 성장하면서 주식을 공개하고, 전문 경영인이 등장하고, 종업원이 증가하면서 직간접적으로 금융 시장에서 자금을 조달하면 기업 구조의 내용은 복잡한 삼각형으로 변모한다.

우선, 이 기업에 이해관계를 갖게 되는 사람이 많아진다. 소유 구조에서는 주주 수가 늘어난 만큼 주식 분포가 다양하게 되고 대주주의 지분율이 점차 감소하게 된다. 전문경영인이 경영 구조에 들어서면 소유와 경영이 분리된다.

그렇게 되면 기업은 더는 한 개인의 전유물이 아니다. 소액주주도 목소리를 높이려 한다. 금융기관은 채권자로서, 근로자는 경영성과의 배분에 각각의 이해관계를 맺게 된다. 또한, 소유주는 효과적으로 전문경영인을 감시하고 싶어 하고 소액주주는 대주주의 횡포를 막으려 한다. 채권자도 영향력을 발휘하려 한다.

다시 말하면, 그들이 모두 지배 구조 속에 참여하여 기업을 통제할 수 있는 영향을 주고 싶어 하는 것이다. 문제는 삼각형이 제대로 균형을 잡기 위해서 그 힘이 과연 어떻게 배분되어야 하는가이다.

선진화된 기업 구조의 특징은 소유의 분산, 전문경영, 이해 당사자 간의 균형 있는 지배이다. 하지만 그 구체적인 형태에는 정답이 없다. 각국의 문화와 사회 환경에 따라 크게 다른 모습을 보이고 있다. 사후적으로 보면 경쟁력을 갖춘 초일류 기업의 모델이 가장 바람직한 이상일 수밖에 없다. 물론 소유가 분산되었음에도 소수 대주주가 전권을 장악한다면 다양한 이해 관계자와 마찰을 빚을 수밖에 없다. 최고 의사 결정 기구인 이사회에 이해 관계자의 몫으로 사외 이사를 참여시켜 투명성을 높이는 균형을 유지해야 한다.

그렇다면 어디까지 참여해야 균형을 갖출 수 있는가? 효율성과 투명성이 대립할 때, 우선 제도적으로 요구되는 투명성을 먼저 충족시켜야 한다. 그 이후에 삼각형의 무게 중심이 효율성으로 옮아가야 한다. 지배 구조가 이해관계가 큰 대주주나 경영자보다도 외부 이사 중심으로 운영된다면 효율성이 크게 저하될 수밖에 없다. 기업은 이윤을 추구하기 위한 것이지, 투명성을 전제로 하는 공공 조직이 아니기 때문이다. 투명성은 높지만, 효율성이 낮은 기업은 오히려 이해 당사자에게 손실을 끼치고 살아남을 수 없다.

시장 경제에서는 기업 구조의 삼각형에서 경영 구조에 직접적인 영향을 주는 변수를 정부가 규제해서는 안 되는 이유가 여기에 있다. 정부의 역할은 오히려 기업 구조의 삼각형을 안정적인 구도로 뒷받침해 주는 것이다.

4
GE와
맥도널드

발명왕 에디슨을 모르는 사람은 없을 것이다. 초등학교 시절 3개월 만에 퇴학을 당하고 어머니로부터 거의 모든 교육을 받았다. 그가 일생 무려 1,000개가 넘는 특허를 받아냈으니 누가 이 대기록을 깰 수 있겠는 가. 그는 "천재란 99퍼센트의 땀과 1퍼센트만의 영감으로 이루어진다" 는 유명한 말을 남기기도 했다. 가난 때문에 겪어야 했던 그의 고달픈 역경은 "나는 발명을 계속하기 위한 돈을 얻기 위해, 언제나 발명을 한 다"는 고백 속에 모두 숨겨져 있는 것 같다.

에디슨의 많은 일화가 알려져 있다. 하지만 그가 발명한 전등이 GE 설립의 불꽃이 되었다는 사실은 그리 알려지지 않았다. 1878년 에디슨 의 특허를 독점적으로 사용하는 에디슨 회사가 창립되었다. 조명 장치 를 비롯한 많은 발명품을 생산하는 여러 계열사도 연이어 설립되었다. 1892년에는 계열사들이 사업 확장을 위해 톰슨 휴스턴사와 합병하여 탄생하게 된 것이 오늘의 GE이다. 에디슨이 "나는 전등을 발명했으나 전혀 이익을 얻지 못했다"고 불평한 것을 보면, GE가 설립되면서 그에게 귀속된 혜택은 많지 않았던 모양이다. 그러나 기업으로서의 GE는 승승장구하여 20세기 최고의 기업으로 성장했다. 1981년부터 2001년까지 GE 회장을 맡았던 잭 웰치는 최고의 경영자로 손꼽혔다. 1996년 웰치는 다우존스 인덱스 100주년을 기념하는 뉴욕 증권 거래소에서 개장벨을 울렸다. 그것은 100년 동안이나 상장된 기업이 오로지 GE밖에 없었기 때문이다.

GE는 한마디로 성공적인 다각화의 신화이다. 실제로 GE의 다각화는 상상을 초월한다. 설립의 원천이 되었던 조명 부문에서부터 항공기 엔진, 가전, 금융 보험, 발전 설비, 의료, 기계, 화학, 운수 장비, 정보 서비스 등에 이르기까지 20개가 넘는 산업에 참여하기 때문이다. 또한, NBC를 인수하여 방송 사업에 뛰어들었으며 전자 상거래로 대표되는 e-Business에도 진출했다.

GE는 1980년대 획기적인 구조 조정을 했다. 그 과정에서도 신규 사업을 확장하는 전략은 변함이 없었다. 100억 달러의 한계 사업을 정리하면서 무려 190억 달러에 달하는 새 사업을 인수하여 여타 기업이 감히 상상하기조차 어려운 과감한 전략을 선택했던 것이다. GE는 오히려 적극적인 다각화 전략으로 지난 100여 년간 불확실한 시장 위험을 극복하면서 1,340억 2,000만 달러 이상의 매출을 올리는 '세계에서 가장 존경받는 기업'으로 성장했다(〈파이낸셜 타임스〉 선정). GE의 성공 사례는 소수 산업에 집중적으로 투자하여 핵심 역량을 구축해야만 살아남을 수 있다는 논리를 무색하게 한다. 1,000여 개의 계열사를 거느린 일본의 히타치도 같은 사례이다.

물론 한 우물로 성공한 사례도 많다. GE가 다각화로 성공한 예라면 햄버거 체인점 맥도널드는 전문화된 기업의 대표격이라 할 수 있다. 1940년대 후반 맥도널드 형제가 시작한 조그만 음식점은 크록R. Kroc과 합작(1955)하면서 현재의 모습으로 탈바꿈하게 된다. 그는 남들이 정년을 준비하는 53세에 맥도널드에 뛰어들어 사내 대학을 설립하고 기술 훈련을 강화시킨 후, 미국은 물론 전 세계에 체인망을 확장했다. 단 9개 종류의 햄버거와 프렌치프라이로 승부를 시작한 맥도널드. 아직도 그 품목에는 변함이 없지만 2만 3,000여 개의 체인점에서 연 450억 달러 이상의 매출을 올리는 세계 30대 기업으로 성장했다. 오늘 이 시간에도 지구촌 어디선가 5시간마다 새로운 맥도널드가 들어서면서 인류의 음식 문화를 표준화시키고 있다는 사실은 놀라운 일이다.

그렇다면 과연 우리나라 기업에는 어떤 모델이 이상적인가. 우리는 가장 전문화가 잘되었던 기아와 한보 그룹이 제일 먼저 부실화되는 비운을 맛봤다. 획일적으로 소수 업종에 전문화를 유도하는 것은 상당히 위험한 발상이다. 최고의 모형은 시장의 불확실한 미래에 가장 신축적으로 대응할 수 있는 사업 구조일 뿐이다. 그것이 어떻게 성공하느냐는 시장 환경에 달린 것이기 때문이다.

5
솔리스트와
코러스

루치아노 파바로티의 노래를 들으면 가슴속에 응어리졌던 모든 것들이 한꺼번에 녹아내린다. '라 보엠'에서 로돌포 역을 노래하는 천부적인 목소리가 수많은 사람의 마음을 일순간 멈추게 한다. 그 목소리의 고운 질감, 마음 깊은 곳을 넘어 멀리 뻗어 나가는 육중한 성량, 맑고 깨끗한 색감 앞에 어느 누군들 자신의 작은 가슴을 지탱할 수 있으랴.

감동을 주는 목소리는 물론 파바로티뿐만이 아니다. 자동차 베르나 광고로 널리 알려진 안드레아스 숄과 같은 중성의 아름다움도 빼놓을 수 없으리라. 카운터 테너의 그 목소리는 영화 〈파리넬리〉 속의 카스트라토처럼 남성이 소리 내기 어려운 여성의 음역을 개발하여 부드럽고 풍요로운 메조소프라노의 음색과 남성적인 다이너미즘이 조화된 감미로움을 더해준다.

목소리 자체를 악기로 갖고 태어나는 성악가들은 그 악기 하나로 객

석을 사로잡는다. 카라얀은 지휘봉으로 세계를 사로잡았다. 정경화는 바이올린으로 그랬다. 하나의 악기에 평생을 거는 음악가야말로 가장 전문화된 직업이라 할 수 있다. 그러나 음악적 감동은 물론 한 사람의 재능에서만 비롯되는 것은 아닐 것이다. 때로는 개개인의 능력이 합쳐진 합창이나 오케스트라에서도 파토스의 심연을 움직이는 감흥을 느낄 수 있다. 헨델의 '메시아'처럼 합창은 한 사람만으로는 표현할 수 없는 웅장한 규모를 갖고 있지 않은가.

기업의 전문화와 다각화의 논리도 음악에 비유하고 싶다. 파바로티가 최고의 테너로 꼽히는 것처럼 기업도 한 제품으로 전문화하여 세계를 제패할 수도 있다. 오케스트라처럼 다양한 사업의 복합된 응집력을 통해 경쟁력을 유지할 수도 있다.

경제학에서는 한 제품의 생산을 전문화하여 규모를 늘릴수록 비용이 절감되는 것을 '규모의 경제Economies of Scale'라고 한다. 반면 다양한 제품을 동시에 생산하면서 나타날 수 있는 효율성의 제고를 '범위의 경제Economies of Scope'라고 한다. 자동차 하나를 생산하는 것보다는 전자제품을 동시에 생산하는 것이 두 산업에서 모두 생산성을 증가시킬 수 있다는 논리이다.

이것은 여러 가지로 설명할 수 있다. 우선 기술, 정보, 판매망과 상표, 조직 등의 생산적 자원을 공동으로 사용할 수 있는 장점이 있다. 공동으로 사용할 수 있는 범용 자원이 많아질수록 다각화의 인센티브는 더욱 강렬하게 작용한다. 우리처럼 자본시장이 불완전하면 다각화된 기업일수록 외부 자금의 융통이 수월하고 내부에서 창출된 현금 흐름을 효율적으로 분배할 수 있다. 이는 은행이 누구에게 먼저 돈을 빌려주는가를 생각하면 더욱 분명해진다. 사회적 신뢰 기반이 약한 문화도 다각화를 유발한다. 사회적 신뢰가 약하면 소비자나 투자자들은 독립된 한 기업보다는 다른 계열사를 많이 가지고 있는 기업 집단을 더 믿게 된다. 한 계열 기업이 잘못되어도 다른 계열 기업에 의존할 수 있기 때문이다.

대규모 투자 사업을 성공적으로 추진시키려 하는 대기업 집단의 계열 기업이 성공의 안정성이 높기 때문이다. 최근 민영화되는 공기업이 대기업에 마각될 가능성이 높은 이유도 바로 여기에 있다. 따라서 다각화는 범위의 경제를 유발하는 효과가 있으므로 부정적으로만 평가해서는 안 된다. 그런데 왜 대기업 집단의 다각화가 비난의 대상이 되는가.

다각화된 대기업 집단은 산업 간의 상호 보조와 상호 구매가 가능하므로 복합적인 '힘'이 생기고 그것이 곧 시장을 지배할 수 있는 영향력을 형성할 수도 있기 때문이다. 그 힘으로 대기업 집단의 총수가 과다한 영향력을 행사할 수도 있다. 다각화된 기업은 '두툼한 주머니deep pocket'가 있기 때문에 다양한 시장 전략으로 다른 전문 기업을 도태시킬 수도 있다.

만약 다각화의 비효율이 범위의 경제보다 크다면 전문화로 가야 한다. 그러나 전문화는 특정 산업에서 세계적으로 경쟁력이 있어야만 성공할 수 있다. 코러스보다는 파바로티와 같은 솔리스트가 필요한 것이다. 그것은 결코 쉬운 일이 아니다. 마치 파바로티가 몇 세기 만에 등장하고 〈파리넬리〉도 18세기 유럽에서 거세당한 4,000여 명의 카스트라토 가운데 겨우 한 사람만이 성공할 수 있었던 것처럼. 그래서 선진국

기업들도 정도의 차이는 있지만 여러 업종에 다각화를 영위하고 있다. 문제는 다각화 그 자체가 아니라 다각화의 폐해를 줄이는 데 있다.

6
오너경영 VS
전문경영

1980년대 후반 사회주의 붕괴를 정확히 예측하여 일약 세계적 석학으로 부상한 프랜시스 후쿠야마는 아시아 경제가 신뢰라는 사회적 자본이 부족한 토양에서 자라왔다고 평가한다. 남을 제대로 믿지 못하고 때로는 서로 속고 속이는 문화 속에서 시장과는 다른 형태의 경제 제도가 형성되었다는 것이다. 동양의 대기업 중 많은 수가 가족 경영을 하는 현상도 바로 이런 이유로 설명한다.

실제로 사람에 대한 신뢰가 부족하면 어떤 일인들 맡길 수 있겠는가. 조금이라도 불투명한 일을 맡길 때는 더욱 그러하다. 신뢰가 부족한 사회에서는 조금이라도 더 신뢰할 수 있는 그 '누구'를 찾게 마련이다. 그래서 가장 가까운 직계가족과 친인척을 중용하고 그것도 여의치 않으면 학연과 지연을 찾아 조금이라도 마음 편하게 믿을 수 있는 인연의 끈을 만든다는 것이다.

정직을 가장 고귀한 사회규범으로 확립하고 계약서의 사인 하나로 모든 거래를 성사시키는 서구의 전통에서는 찾아볼 수 없는 기이한 현상이다. 그러나 신뢰할 만한 사람을 찾아 중용하는 것은 시장에서 능력을 인정받는 사람을 찾는 것보다 실패의 확률이 더 높을 수밖에 없다. 따라서 더 많은 거래비용을 수반하고 장기적으로는 경영 효율을 저하하는 요인이 될 수 있다. 물론 신뢰라는 사회적 자본이 빈약하고 시장의 경험도 적은 환경에서 신뢰할 만한 능력을 갖춘 사람을 찾는 것은 결코 쉬운 일이 아니다.

우리 재벌의 개혁에서도 오너경영이냐 전문경영이냐는 논란이 수시로 제기된다. 우선 왜 이것이 문제가 되는가? 조그만 중소기업이 오너경영을 하는 것은 당연하게 받아들여진다. 그런데 대기업의 오너경영은 왜 문제가 되는가. 시장 경제에서는 주주 이익의 극대화가 가장 중요한 기업 목표가 된다. 따라서 중소기업처럼 오너가 100퍼센트의 지분을 가지면 직접 경영하는 것은 너무나 당연하다.

그러나 대기업 문제의 출발은 지배 주주가 소액 주주의 이해관계를 무시하고 경영권을 전횡할 가능성으로부터 나온다. 기업 규모가 엄청나게 커졌다. 그런데 과연 자본만 가진 지배 주주가 탁월한 경영 능력을 발휘할 수 있겠는가. 또한, 경영 능력이 입증되지 않은 직계 자손이 세습 경영을 하는 것도 같은 이유로 사회적 이슈가 될 수 있다. 따라서 능력 없는 지배 주주가 직접 또는 세습 경영을 하는 것은 바람직하지 않다.

그렇다면 소유권과는 관계없는 전문경영체제가 이상적인 대안인가? 일견 그렇게 보이지만 이론적으로는 반드시 바람직한 대안이 되는 것은 아니다. 전문경영인이 주인의 대리인으로서 주주 이익의 극대화를 추구한다는 보장이 없기 때문이다. 전문경영인은 자신의 보수, 사회적 명성, 승진 등 사익 추구에 더 관심이 많다. 주주 이익보다는 시장 확대나 조직 확대 등에 쓰는 경향이 있다. 전문경영인에게도 당연히 이익을 극대화하는 동기가 부여되는 것이다.

대주주의 처지에서 보면 신뢰할 수 없는 경우가 된다. 경제학에서는 주인-대리인 문제라고 한다. 전문경영인은 오히려 임기가 있기 때문에 사주보다 장기의 과감한 투자에 소극적이라는 연구 결과도 있다. 대기업의 사주가 자신의 이익을 추구하려는 것처럼 전문경영인도 똑같은 성과보수를 갖게 되는 것이다. 따라서 전문 경영인의 행동을 감시할 수 있는 적절한 이사회, 감사, 증권시장의 기능이 작용해야만 효율적으로 운영될 수 있다.

역사적 경험도 사주나 전문경영체제를 일방적으로 지지하지는 않는다. 모토로라와 같은 세계적 기업은 창업자 갤빈Galvin 가문에 의해 80년 가까이 경영되고 있다. 소니도 물론이다. 도요타 자동차와 같이 창업자 가문과 전문경영인이 아름다운 공존을 하는 기업도 드물지만 존재한다.

한국에서는 전문경영체제의 표상이던 기아가 무너졌지만, 유한양행은 건재하다. 오너냐 전문경영인이냐는 경쟁력을 가늠하는 잣대가 될 수 없다. 중요한 것은 능력 있는 경영자가 주주의 이익 극대화를 위해 일할 수 있도록 신뢰할 수 있는 기반을 만들어주는 것이다.

7
콜럼버스의
달걀

'콜럼버스의 달걀'은 처음 시작하는 일의 어려움과 발상의 전환을 비유하는 일화이다. 소년 시절부터 탐험정신이 가득했던 콜럼버스는 선장의 딸과 결혼한 후, 서쪽 항로의 꿈을 찾아 나서게 된다. 그 모험을 위해 여러 왕가에 도움을 청원했지만 모두 우스꽝스러운 얘기로 외면해버렸다. 그러다가 스페인의 이사벨라 여왕의 도움으로 천신만고 끝에 드디어 역사적 대발견을 해내게 된다. 시대의 영웅으로 칭송받던 그에게도 많은 사람의 시기와 비난이 뒤따랐다. "서쪽으로 가면 누구나 신대륙을 찾을 수 있을 텐데 무엇이 그리 대단한 일이냐"는 비아냥이었다.

어느 날 콜럼버스는 자기를 시기하는 사람 앞에서 "누가 달걀을 세울 수 있느냐"고 물었다. 과연 누가 타원형의 달걀을 세울 수 있겠는가. 조용해진 사람 앞에서 콜럼버스는 달걀의 모서리를 평평하게 두드려 깬 다음 책상 위에 세워놓았다. 그것을 본 사람은 그제야 "그 정도는 나도

할 수 있다"고 중얼거렸다. 달걀을 세운 그의 기치와 발상의 전환이 곧 대발견을 하게 된 모험정신을 만들어낸 것이리라. 그 모험정신을 지원한 스페인은 전쟁 한 번 안 치르고 광활한 영토를 얻을 수 있었던 것이다.

그 달걀의 교훈은 경제에도 그대로 살아 있다. 시장경제는 슘페터가 지적한 대로 새로운 것을 추구하며 창조적 파괴를 거듭하는 기업정신에 의해서만 발전할 수 있다. 기업가는 이윤을 '발견'하기 위해 생산 활동을 영위한다.

그 이윤은 대체로 다음 세 가지 원천에서 발생한다. 첫째는 위험부담에 대한 대가이고, 둘째는 시장의 불균형에 따른 일시적 이익이고, 셋째는 불공정거래를 통한 부당한 혜택이다. 이 세 가지 중 비난받아야 할 이윤의 원천은 불공정거래로부터 얻게 되는 부분이고, 다른 요인에 의한 이윤은 아무리 많아도 비난해서는 안 된다. 왜냐하면, 그것이 바로 기업가를 움직이는 힘이기 때문이다.

특히 위험부담에 대한 대가로서의 이윤은 제도적으로 보장하고 사회적으로 장려되어야만 한다. 그래야만 창의적이고 모험적인 기업가 정신이 살아남아 경제를 발전시키는 원동력이 된다. 그 프리미엄은 당연히 위험을 선택한 사람만이 가져갈 수 있는 제한된 특권인 셈이다. 반대로 모험을 피하는 사람은 프리미엄을 받을 기회를 선택하지 않는 것이다. 그렇다면 과연 나에게는 위험을 선호하는 기업가 정신이 있는가?

1,000만 원을 투자하여 실패할 확률이 50퍼센트이고 100퍼센트 수익을 올릴 수 있는 확률이 50퍼센트라고 하자. 이 경우 평균적인 기댓값은 원금 전액손실 가능성(0×0.5)과 100퍼센트 수익 기댓값(2000×0.5)이

므로 결국 원금과 같다. 전액을 날려버릴 위험의 확률이 50퍼센트 이상으로 올라가도 투자를 하면 위험을 선호risk-loving하는 것이다. 수익의 확률이 50퍼센트 이상 더 올라갈 때만 투자하겠다는 사람은 위험을 기피risk-averse한다고 분류한다. 창의적이고 모험적인 기업가는 위험을 선호하는 기질이 있어야만, 그 어려운 투자결정을 단행할 수 있다.

1970년대 사막의 황무지에 건설수출의 바람을 몰아왔다. 또한, 반도체 산업에 과감한 투자를 감행한 모험정신이 오늘 우리 경제를 가져오지 않았는가. 물론 모든 모험적 투자가 성공하는 것은 아니다. 모험이란 애초부터 실패의 가능성이 더 높은 것이 아닌가. 따라서 시장경제가 발전한 나라일수록 부도처리와 실패한 기업인의 퇴출이 제도적으로 보장되어 있다.

기업은 망해도 기업가는 풍요롭게 지내는 폐습도 사라져야 한다. 하지만 실패한 기업가를 사회의 공적公敵으로 몰아붙이는 풍토도 경계해야 한다. 어떤 상황에서든 모험과 창의력 있는 기업가가 많아야만 시장경제가 발전할 수 있다. 위험을 피하는 집단만으로는 결코 충분한 고용과 소득을 창출할 수 없다. 그것은 콜럼버스의 달걀처럼 창조적 파괴를 일삼는 기업가들의 몫일 뿐이다.

콜럼버스는 위대한 발견을 했음에도 일시적인 갈채를 받았을 뿐 원했던 부를 얻지 못하고 노년에도 가난에 찌들어 사라져간 불운한 탐홈가로 기록되어 있다. 콜럼버스를 그렇게 대접했던 스페인은 제2의 콜럼버스를 만들어내지 못했다. 영국에 많은 식민지를 내주는 이류국가로 전락하게 된다. 국가에 대한 공훈에 철저한 보상을 하여 귀족 신분사회를 성공적으로 영위했던 영국과는 사뭇 다른 길을 걷게 된 것이다. 전쟁에서도 귀족이 앞장서는 영국의 전통은 이 시절부터 정립된 것이라고 한다.

케네디 대통령의 피살, 아들인 케네디 2세의 비행기 사고사 등으로 유명한 케네디 가문의 불운도 모험을 즐기는 유전인자에서 비롯된 것이라는 이스라엘 의학자의 연구결과가 있었다. "셰익스피어가 살아 있었다면 반드시 '케네디가의 저주'를 가지고 비극을 썼을 것"이라는 호사가의 추측이 나올 정도로 사고가 잦았던 케네디가家. 역시 모험 인자는 호사好事도 가져오지만 다마多魔도 불러오는 모양이다. 기업의 투자도 이런 속성을 가진 것이리라.

8
연인들의
거래비용

젊은 사람에게 연인이 생기면 몇 가지 변화가 생긴다고 한다. 모든 일에 자신감이 생기고 사소한 일에도 웃게 된다. 시간도 빨리 지나가며 용돈도 항상 적자가 된다. 들려오는 노래가 모두 자기 마음을 대변하는 것같다.

어느 날 갑자기 펜티엄에서 286 컴퓨터로 전락한 것처럼 맹한 느낌이 들기도 한다. 가정에서의 변화는 역시 전화요금이 갑자기 많이 나오는 것이란다. 가까이 있고 싶어 하는 두 사람의 공간을 전자매체로라도 메우려는 애틋한 마음에 비한다면, 통신비 걱정은 얼마나 세속적인가. 그러나 국제통화로 몇백만 원을 날려버리는 지경에 이르면 누군들 부담스러워하지 않겠는가.

가까워지려는 두 사람이 서로 떨어져 있으며 신경 쓰는 게 어디 전화요금뿐이겠는가. 그 많은 시간과 오락가락하는 교통비도 만만치 않으리

라. 그러다가 어느 날 이런 것들이 너무 큰 부담으로 느껴질 때면 두 사람은 결합을 고려하게 될 것이다. 서로 떨어져서 교제하는 것보다 같이 사는 것이 더 행복하기 때문이리라. 애초부터 같이 지낼 수 있었다면 쓸데없는(?) 교제비용은 상당히 줄일 수 있었을 텐데. 물론 분리비용이 결합비용보다 항상 많다는 보장은 없지만.

두 연인의 교제비용을 경제학에서는 거래비용으로 설명한다. 이것은 독립된 두 주체 사이의 거래관계에서 발생할 수 있는 모든 종류의 비용을 말한다. 거래에 직접 수반되는 전형적인 비용 사례는 부동산 거래에서 발생하는 복비福費라고 할 수 있다. 물론 등록세와 취득세 등 각종 세금도 모두 거래비용에 해당한다.

거래비용은 항상 다른 경제 주체와의 거래에서 발생한다. 따라서 부동산을 내가 사서 나한테 팔 수 있다면 거래비용은 발생하지 않는다. 다른 주체와의 거래는 계약으로 규정된다. 그러나 완벽한 계약은 불가능하므로 계약이 이행되는 과정에서 분쟁이 발생하고 거래비용이 증가할 수 있다. 미처 계약서에 언급하지 않은 상황이 발생하거나 계약의 해석에 문제가 생길 때도 있다. 예기치 않던 불확실한 상황이 현재화될 때 거래비용도 현실화된다. 분쟁이 관례에 따라 원만히 해결될 때도 잦지만 엄청난 비용을 유발할 때도 만다.

쉼표 하나를 잘못 찍어 무려 7,000만 달러의 거래비용을 감수했던 사례도 있다. 바로 세계 제2의 항공기 제작기업인 록히드마틴사의 사례인데 쉼표 하나를 잘못 찍어서 엄청난 손해를 보게 되었던 것이다. 1999년 군용수송기의 공급 계약을 체결하면서 물가연동률에 쉼표를 잘못 찍은 것이 이렇게 엄청난 손실을 주었던 것이다. 물론 록히드마틴사는 계약의 수정을 고객에게 요청했으나 거절당했다. 계약불이행에 따른 손실과 잘못된 계약의 이행에 따른 손실을 저울질한 끝에 후자를 선택한 것이다. 이것 역시 제3자와의 잘못된 계약에서 발생한 전형적인 거래비용에 해당한다.

미래가 불확실하고 시장은 불완전하며 사람의 판단도 완벽한 것이 아니다. 따라서 거래비용이 발생할 소지는 항상 존재한다. 거래비용이 부담스러워지면 기업은 외부와의 거래 대신에 자신이 직접 담당하는 것을 고려한다. 그래서 하청업체 대신에 자신이 직접 계열기업을 설립해버린다. 그래서 재벌의 다각화도 등장하는 것이다. 남의 골프장에 예약하기가 힘드니 자신이 직접 운영하는 것이다. 외부와의 관계에서 발생하는 거래비용을 내부화시키는 전형적인 사례다. 불필요한 것 같은 계열기업도 사실은 거래비용의 감축에 이바지하는 것이다.

따라서 시장이 불완전할수록 거래비용은 많아지고 자신이 직접 만드는 경우가 많아진다. 다시 말하면 거래비용이 바로 기업을 설립하고 확장하는 본질적 원천이 되는 것이다. 두 남녀가 교제비용을 줄이고 한 살림을 차리는 논리와 다르지 않다. 물론 한 살림 차리는 내부의 비효율이 높다면 거래비용의 내부화는 당연히 실패로 돌아간다. 한 살림 차린 후에 오히려 싸우거나 외박하는 날이 많다면 떨어져서 전화나 하는 게 좋지 않겠는가.

9
기업도
수명이 있다

불로장생을 꿈꾸는 인간의 염원은 예나 지금이나 변함이 없는 것 같다. 고대 문명이 싹트기 이전부터 이집트 사람은 전설 속에 사는 불멸의 영조靈鳥 피닉스를 만들었다. 그 불사조가 500년마다 태양신이 사는 헬리오 폴리스에 나타날 것을 갈구하며 영생을 꿈꾸었다. 동양 문명의 상징이었던 중국에서도 황실의 장수를 기도했던 수많은 비방이 쏟아져 나오지 않았던가. 수많은 권세가가 세계 곳곳에서 영생을 꿈꾸는 비법을 찾으려 했지만, 성공한 사람은 없었다. 결국, 생명은 누구에게나 유한했다. 어쩌면 생명을 무한하게 연장하려는 의도 자체가 신에 대한 무모한 도전이리라.

그래도 현대 과학자들이 발견한 영생의 비밀은 신비롭기만 하다. 모든 세포의 DNA에는 텔로미어telomere라는 꼬리가 있다. 이 부분이 세포 분열을 일으킬 때마다 조금씩 짧아진다고 한다. 어느 시점에서 텔로미어의 길이가 너무 짧아지면 그 세포는 더는 분열하지 못한다. 분해되기 시작하여 노화의 길로 접어들게 된다는 것이다. 2010년에는 실험실에서 텔로미어를 보호하는 효소를 이용해 실험 대상 쥐들을 회춘시키는 데 성공했다고 한다. 언젠가 불로장생의 꿈도 실현될지 모른다.

인간의 생명이 유한하듯이 기업이나 산업의 일생도 끝이 있기는 마찬가지다. 오히려 과학의 발달과 더불어 인간의 수명은 연장되고 있지만, 기업의 생명은 점점 더 단축되는 듯하다. 실제로 1975년에는 30년에 달하던 기업의 평균수명이 최근에는 10년 내외로 감축되었다고 한다. 사람이 유년기, 청장년기, 노년기라는 생명의 주기를 갖고 있듯이 산업도 네 단계의 순환 주기를 갖고 있다.

기업과 산업의 생명주기는 도입기, 성장기, 성숙기, 쇠퇴기로 구별된다. 도입기에는 새로운 제품의 개발을 통해 소수의 개척자적인 기업이 등장하는 시기이다. 성장기에는 많은 기업이 진입하고 시장이 빠른 속도로 증가하는 기간을 말한다. 여러 기업이 치열한 경쟁을 겪고 나서 안정적인 시장 점유율을 분점하게 되는 시기를 성숙기라고 한다. 어떤 이유로 시장의 수요가 급격히 감소하기 시작하면 기업은 쇠퇴기를 맞는다. 각 주기의 기간이 약간씩 차이가 날 수 있어도 이 생명의 주기에서 예외인 기업은 없다. 수직축에 매출액을 놓고 수평축의 시간에 대응하여 그림을 그리면 마치 S가 누워 있는 형국의 생명주가 관찰된다.

기업의 이윤도 주기마다 달라진다. 도입기에는 오늘날의 인터넷 사업이나 벤처 기업처럼 사업 위험도가 높아서 흑자와 적자의 분산이 매우 크게 나타난다. 성장기에는 독과점 상태에서 높은 이윤을 올릴 수 있다.

하지만 성숙기에는 이미 큰 이윤을 얻지 못한다. 나아가 쇠퇴기에는 정리 대매출을 해야 하니 이윤이 생길 리 없다. 시장의 독과점적인 구조도 주기마다 다르게 나타난다. 도입기에는 소수의 기업가 정신에 의해 주도되기 때문에 당연히 독과점 상태가 된다. 성장기에도 초기에는 독과점적이지만, 신규 진입이 많아지면서 점차 경쟁형으로 변화한다. 성숙기에는 경쟁 과정을 거친 기업만이 살아남는다.

이러한 사이클을 재빠르게 감지하지 못하고 뒤늦은 투자를 감행하면 기업 수명은 오래갈 수 없다. 물론 성장기가 몇십 년 동안 계속되는 제품도 있지만 막대한 투자에도 노년기가 빠른 제품도 수두룩하다. 컴퓨터만 해도 386의 수명은 불과 몇 년 가지 못했다. 586은 애초 예상보다 수명이 비교적 긴 편이다. 인텔의 사장인 고든 무어Gordon Moore는 반도체의 평균수명은 18개월에 불과하다고 했다. 과학 기술이 발전할수록 대체재가 빨리 개발되어 제품의 생명주기가 더 빨라지기 때문이다.

그렇다면 무엇이 기업의 수명을 결정하는가? 기업의 운명을 결정하는 텔로미어는 무엇인가? 그것을 움직이는 효소는 어디에서 발견할 수 있을까.

10
대기업 탄생과
경제 성장

IMF 사태를 계기로 대기업 집단의 개혁이 중요한 세간의 화두가 되었다. 일부에서는 대기업 집단을 해체하고 인적 청산을 해야 한다는 주장도 제기하고 있다. 과연 재벌이라 지칭되는 대기업 집단은 경제적 기여보다 폐해가 더 많은 사회의 공적公敵인가? 글로벌 시대에는 반드시 없어져야만 할 기업 형태인가?

재벌은 출자나 혈연관계를 통해서 상호 계열 관계를 맺고 있는 기업군을 일컫는다. 공정거래법에서는 일본에서 유래한 재벌이라는 말 대신에 기업 집단이라는 용어를 사용한다. 실제 선단식이나 문어발식이라고 불릴 만큼 서비스 산업에서 제조업과 금융업에 이르기까지 다양한 기업을 거느리고 있는 것이 우리 재벌의 현실이다. 흔히 30대 재벌이라고 한다. 하지만 그중에서도 부익부 빈익빈이 심하여 5대 재벌의 지배력이 훨씬 막강한 것이 사실이다.

그렇다면 왜 재벌이라는 기업 형태가 등장하게 되었는가? 혹자는 정부 주도의 수출 지향적 정책이 빚어낸 부산물이라고 지적한다. 옳은 말이다. 그러나 경제적 논리는 이보다 더 포괄적인 설명을 한다. 기업 조직에도 진화론, 즉 적자생존의 원리가 적용되기 때문이다. 바꾸어 말하면, 기업은 항상 주어진 환경에 가장 잘 적응할 수 있는 조직으로 형성된다. 그렇지 못한 기업은 도태되게 마련이다. 따라서 재벌이라는 조직도 정치, 경제, 사회적 환경에 가장 잘 적응할 수 있는 조직의 하나로 탄생한 것이다. 이것을 흔히 최상의 현실 적응best practice 모형이라고 말한다.

　　그렇다면 그 이유는 무엇인가? 우선 여러 업종에 계열 기업을 거느리게 되면 사업의 안정성이 강화된다. 경기는 항상 순환하고 불확실한 것이다. 따라서 특정 업종에 집중적으로 투자하는 것보다 분산하는 것이 투자 위험을 감소시킬 수 있기 때문이다. 계열 기업이 많으면 서로 사주고(상호 구매), 서로 도와주어(상호 보조) 불황을 겪는 계열 기업을 회생시킬 수도 있다. 모험적인 사업에 신규 투자하거나 투자 성과가 불확실한 연구 개발 사업을 공동으로 추진할 수도 있다. 특히 첨단 산업에 신규 진출할 때는 위험을 회피할 수 있는 안전장치의 기능이 중요하다.

　　정치 경제학적인 논리로도 설명할 수 있다. 금융 산업이 발달하지 못한 개발드상국에서는 큰 재벌이 작은 기업보다 안정성이 높아서 당연히 높은 점수를 준다. 금융기관도 재벌이 독립된 개별기업보다 안정성이 높아서 당연히 높은 점수를 준다. 게다가 정경 유착이 심하고 정부의 규제와 간섭이 많은 경제에서는 재벌과 같은 조직이 있어야 모든 일을 원만하게 추진하는 힘이 생기게 된다. 정부 또한 일단 신규 산업에 진출하면 독과점적인 지위로 프리미엄Entry Premium을 보장하지 않았는가.

글로벌 환경하에서도 마찬가지이다. 국제적인 신인도가 약한 초기 단계에서는 대기업 집단이 신뢰도 구축에 유리하고, 여러 업종을 기반으로 패키지 딜Package Deal을 할 수 있다. 브랜드 이미지를 쉽게 구축하여 국외로 진출할 수 있다. 다시 말하면 세계 시장에서 개도국 기업이 맞닥뜨리는 높은 진입 장벽을 대기업 집단이 더 쉽게 극복할 수 있다. 이런 이유로 영국의 〈이코노미스트〉지는 한국의 재벌 해체에 의문을 제기한 바 있다.

이러한 경제적 논리를 바탕으로 우리의 대기업 집단이 형성되었다. 대기업 집단은 생성 과정에서 보면 우리의 경제 환경에서 적자생존 하기 위해 탄생한 당연한 귀결이라고 볼 수도 있다. 과연 기업 집단의 기반 없이 한국 경제가 성장하고 세계적 위상을 갖는 기업이 탄생했을까? 그러나 시장이 경쟁적 환경으로 바뀌면 기업은 생존을 위한 변신을 다시 시도하여 새로운 조직으로 탄생할 것이다. 환경과 제도는 그대로 둔 채 기업 조직을 바꾸라고 강요한다면 경쟁력은 당연히 떨어질 수밖에 없다. 이것은 순수한 경제 논리적 설명이다. 그렇다면 대기업 집단을 왜 개혁하라고 하는가?

11
야누스의
두 얼굴

고대 로마의 신화에 나오는 '야누스Janus'는 두 얼굴을 가진 것으로 유명하다. 한때는 네 개의 얼굴로 사계절을 나타냈다고 한다. 하지만 지금은 서로 반대 방향을 바라보는 상반된 두 얼굴의 모습으로 널리 인용되고 있다. 로마 신전에 세워진 그의 모습을 보면 한쪽 얼굴은 아침의 일출을 쳐다보고 또 다른 얼굴은 저녁의 석양을 쳐다보고 있다. 그래서 보는 이로 하여금 한 몸 안에서 벌어지는 야속한 갈등의 처연함을 뼈저리게 느끼게 한다. 야누스는 원래 처음과 시작을 상징하는 최고의 신으로 대우받았다. 영어의 1월January도 그로부터 비롯된 것이지만, 그 두 얼굴 때문에 현대인에게는 갈등의 표상으로 남아 있다.

대기업의 모습도 마치 두 얼굴을 가진 야누스의 이미지와 같다. 흔히 대기업이 우리 경제의 발전에 혁혁한 공헌을 한 사실을 인정하면서 그에 따른 병폐 또한 지적한다. 대기업의 발전과 부富의 축적 과정에 정당성을 부여하지 않을 뿐만 아니라 경제력 집중, 사회적 형평, 정경 유착과 불공정 거래 등으로 얼룩진 형태를 비난한다. 일부에서는 '그럼에도' 대기업의 긍정적 측면을 강조하는 반면에 다른 한편에서는 '그래서' 해체되어야 할 조직이라고 주장한다.

정권이 바뀔 때마다 대기업 개혁이 도마 위에 오르고 총수들이 법정에 드나들기도 한다. 대기업 자신은 물론이고 대기업을 보는 사회 여론이나 정부 태도가 모두 선진국에서는 좀처럼 찾아볼 수 없는 야누스의 두 얼굴인 셈이다. 기업 집단이 상대적으로 빠른 속도로 성장하면 국민 경제에서 차지하는 비중도 당연히 높아진다. 그 결과 대기업 집단으로 국가의 경제력이 집중되는 경향이 나타난다.

경제력이 소수에게 집중되면 어떠한 문제가 발생하는가? 우선, 경제적 안정이 저해될 수 있다. 대기업이 부실화되면 나라 경제가 휘청거릴 수밖에 없어서 정부는 될 수 있는 대로 대기업을 살리려 한다. 이는 아이러니하게도 기업 측에서 보면 대기업의 규모가 크면 클수록 그만큼 생존의 안정성이 강화되는 논리가 된다. 대마불사大馬不死의 경제논리이다.

또한, 경제력이 소수에게 집중되면 부의 불균등한 분배가 심화하여 사회적 형평이 왜곡된다. 이것은 사회적 안정을 저해하게 된다. 특히 우리와 같이 동질성이 강한 나라에서는 좀처럼 부의 상대적 격차를 불가피한 현상으로 받아들이려 하지 않는다. 실제로 우리처럼 언어, 역사, 문화 그리고 심지어는 경제적 수준까지도 동질적인 국가를 세계에서 찾아보기 어렵다. 우리는 불과 몇십 년 전까지만 해도 모두 가난했기 때문에 "사돈이 땅을 사면 배가 아프다"고 하지 않았는가.

　기업 집단의 성장이 정경 유착으로 얼룩진 특혜와 비리 속에 이루어진 사실을 부정적으로 보는 시각도 많다. 정부 규제가 많은 개발 경제에서는 모든 기업 활동이 정부에 의존적일 수밖에 없다. 이런 환경에서 정부와 대기업은 특혜를 '주고받는' 관계 속에서 성장했기 때문에 고운 시선을 받을 수 없다. 부의 축적이 정당한 기업 활동에서 비롯되지 않았다는 비판도 여기에서 비롯된다. 이 밖에도 대기업 내부의 불공정한 거래 행태나 일부 파렴치한 대기업의 탈법적인 행태는 모두 야누스의 두 얼굴을 가진 셈이다.

　그러나 아무리 대기업의 과거 행태가 어두운 것일지라도, 국민 경제 발전을 위해서는 미래의 또 다른 얼굴을 찾는 시각도 절실하다. 우선 글로벌 경제에서는 대기업이 크다는 이유로 비난하거나 규제해야 한다는 시각은 잘못된 것이다. 경제 규모가 작은 나라에서 기업 규모가 커지면 경제력 집중도 높아지게 마련이다.

　세계에는 한 기업의 매출액이 한국의 총 수출액보다 더 큰 기업도 즐비하다. 미국과 일본을 제외한 선진국에서도 우리보다 경제력 집중이 심한 나라가 상당히 많다. 시장 경제에서는 경쟁력 있는 효율적 기업이 시장 점유율을 확대하는 것이 너무나 당연하지 않은가. 자신의 능력만큼 시장을 확대하고 부를 축적하는 것을 부정적인 현상으로 치부하는 사회에서는 시장 경제의 발전을 기대할 수 없다.

　문제는 외형적으로 나타나는 기업 규모에 있는 것이 아니다. 규모는 오히려 초일류 기업으로 성장하게 도와주면서 부정적인 행태를 차단할 수 있는 공정한 거래 제도를 확립하는 접근이 중요하다. 무엇이 문제인가를 선별적으로 평가하여 부실한 행태를 교정해주는 정교한 정책이 필요하다. 부실한 행태를 핑계 삼아 대기업을 퇴출시키는 우를 범하지 말고 열린 세계를 보는 야누스의 또 다른 얼굴을 찾는 시각이 절실하다.

12
열매 맺지 못하는
나무는 베어라

"어떤 사람이 자기 포도원에다 무화과나무를 한 그루 심어놓고 그 나무에서 열매를 기대했으나 얻지 못하였다. 그러자 주인은 포도원 지기에게 말하였다. '보아라 내가 새해에 이 무화과나무에서 열매를 얻을까 해서 왔으나, 찾지 못하였다. 찍어버려라. 무엇 때문에 땅만 버리게 하겠느냐?'

그러자 포도원 지기가 그에게 말하였다.

"주인님, 올해만 그냥 두시지요. 그동안에 내가 그 둘레를 파고 거름을 주겠습니다. 그렇게 하면, 다음 철에 열매를 맺을지도 모릅니다. 그때 가서도 열매를 맺지 못하면, 찍어버리십시오." (《누가복음》 13장 6~9절)

기업도 포도원과 다를 바 없다. 기업이 이익을 내지 못하면 사회에 부담을 주어 '땅만 버리게 한다'. 은행을 부실화시키고 서민들의 혈세를 공적 자금으로 날려버린다. 그래서 구조 조정이 필요한 것이다. 그러나 새해의 희망이라도 걸 수 있다면 찍어버릴 수는 없지 않은가. 현재의 재무 상태로는 가망이 없지만 '둘레를 파고 거름을 준다'면 회생할 수 있는 기업은 지원해야 하지 않겠는가. 이런 워크아웃 제도도 없이 그 해에 열매 맺지 못하는 나무를 찍어버린다면 포도원은 황폐해질 것이다.

그렇다고 워크아웃이 항상 성공하는 것은 아니다. 구조 조정은 성공과 실패가 공존하는 위험한 서커스와 같다. 기업 스스로 자구 노력도 중요하지만, 둘레를 파고 거름을 주는 일도 필요하다. 구조 조정은 미래의 시장 여건, 기업의 자구 노력, 정부의 기업 정책 등 많은 복합적인 요인이 결합하여 성과가 결정되는 종합예술과 같다. 따라서 마치 수많은 악사가 혼연일체가 되어 연주하는 오케스트라와 같은 것이다. 아무리 뼈를 깎는 자구 노력이 있어도 시장이 협조하지 않으면 성공할 수 없다.

구조 조정은 변화하는 시장 상황에서도 기업이 경쟁력을 갖출 수 있도록 생산, 고용, 투자 등 모든 기업 전략을 재조정하는 것이다. 따라서 구조 조정의 목표는 경쟁력의 향상에 있다. 일부에서 혼동하는 것처럼 단순한 고용 감축을 의미하는 것은 아니다. 고용 감축은 단지 오케스트라의 한 악기에 불과할 뿐이다. 그것 자체가 구조 조정의 궁극적인 극적도 아니며 유일한 수단도 아니다. 변화하는 시장 상황에 대처하기 위해서 일부 조직을 줄이거나 늘리는 것은 물론이다. 시설과 투자를 확대하거나 감축시키는 것이 모두 구조 조정에 해당한다.

따라서 구조 조정은 IMF 경제 위기 이후에만 시행된 것이 아니라 경기 확장기에도 지속해서 시행되어왔던 셈이다. 그러나 경기 확장기의 구조 조정은 인력과 투자를 늘리는 것이다. 따라서 국민이 체감하는 고통이 거의 없었던 셈이다. 시설을 확장하는 구조 조정은 물가 상승의 압력을 불러올 뿐이다. 고용 불안은 일으키지 않기 때문이다.

실제 우리 경제는 1962년 경제개발 계획을 시행한 이래 몇 해만을 제외하고는 대체로 큰 어려움 없이 고도성장을 지속해왔다. 그러나 지난 수십 년이 오히려 예외였고 앞으로는 침체기에 대비하는 구조 조정이 일상화될 가능성이 더 높다. 글로벌 경제에서는 모든 외부 요인이 우리 경제에 영향을 미치므로 시장의 불확실성은 더 커졌기 때문이다. 또한, 자본과 노동은 물론 기업마저도 세계 어디로든 이동할 수 있기 때문이다. 반면 정부 정책의 효과는 반감했다. 한국은행보다 미국의 금융 당국이 증시에 더 큰 영향을 미치지 않는가.

글로벌 경제에서는 새해마다 찍어버려야 할 무화과나무를 찾는 악순환을 거듭해야 할지도 모른다.

13
구조 조정의 목적이
고용 감축은 아니다

"왜 근로자들이 희생되어야 합니까? 도대체 구조 조정이 무엇이기에 생계조차 어려운 노동자들을 먼저 자르고 외국인에게 팔아넘기려고 하는 것입니까? 생산시설을 먼저 줄이고 다른 투자도 줄이고 다른 방법이 더 먼저 시행되어야 하는 것 아닙니까? 아니면 고용을 줄이지 말고, 근로시간을 줄이는 것은 어떻습니까?"

몇 년 전, 노사위원들에게 특강을 한 후 받았던 곤혹스런 질문이었다. 글로벌 경제에서 생존하려면 기업의 유연성이 높아져야 한다. 그러기 위해서는 노사관계의 경직성이 사라져야 한다는 강의가 만족스럽지 못했던 것 같다. 구조 조정만 한다고 하면, 왜 하필 근로자부터 줄여야 하는가. 당연한 항변이다. 당사자의 처지에서 보면 얼마나 처절한 경험이겠는가. 근로자만 일방적으로 희생되어서는 안 될 일이다. 그럼에도 구조 조정이 단순한 고용 감축과 같은 의미로 쓰이고 있는 현실을 어떻게 설명할 수 있겠는가.

구조 조정의 궁극적 목표는 고용 감축이 아니라 경쟁력 회복이다. 고용 감축은 구조 조정의 한 수단일 뿐이다. 경쟁력을 갖추려면 어떤 시장 여건에서도 생존할 수 있게 유연한 전략이 필요하다. 수요가 감소하면 생산규모를 줄여야 한다. 반대로 시장이 확대되면 공급을 늘려야 한다. 생산시설, 고용규모, 투자 등 모든 변수를 시장 여건에 맞게 신축적으로 조정할 수 있어야 한다. 시장에서는 회오리바람이 불어오는데 그 바람에 대처할 만큼 유연하지 못하면 어떻게 살아남을 수 있겠는가. 태풍 속에서는 유연한 버드나무가 더 잘 버틸 수 있지 않은가.

따라서 기업은 신축적으로 조정할 수 있는 부분부터 먼저 구조 조정을 한다. 기업의 영업활동에 투입되는 생산요소는 가변요소와 고정요소로 구별된다. 원재료와 노동 등은 대표적인 가변요소이다. 생산시설, 자본, 토지는 고정요소에 해당한다. 비용도 고정비용과 가변비용으로 구별된다. 고정비용은 생산량과 관계없이 필수적으로 들어가야만 하는 비용이고 가변비용은 생산규모에 따라 변동한다. 광고비, 마케팅, 단가 금융비용은 물론 임금과 원재료 비용도 모두 가변비용에 해당한다. 실제 제품과 용역의 생산은 가변요소와 고정요소가 결합하여 이루어진다.

이런 생산구조 속에서 시장여건이 어려워지면 무엇을 먼저 조정하겠는가. 우선은 가변요소를 줄이고, 그래도 어려우면 생산시설을 폐쇄하는 등 고정요소를 조정한다. 경기 확장기에도 고용과 원재료 구매 등 가변요소부터 늘려나간다. 물론 생산요소의 절대 투입량을 줄이기 전에 비용을 줄이기 위한 다른 전략을 먼저 시도할 것이다. 또한, 노동력이 모두 가변요소인 것도 아니다. 다른 사람과 대체될 수 없는 능력을 갖춘 인재는 고정요소에 버금간다. 그래서 나 자신만의 능력이나 기술을 갖는 것이 그만큼 중요하다.

그렇다고 고정된 요소를 먼저 조정할 수는 없다. 왜냐하면, 생산시설과 같은 고정요소는 구조 조정에 상당한 시간이 소요되어 시장여건에 신축적으로 대처할 수 없기 때문이다. 경기가 상승하면 기업은 먼저 가변요소인 인력과 원재료를 투입하여 생산시설을 완전히 가동한다. 이런 상태가 상당 기간 지속하여 미래 전망에 대한 확신이 있을 때에만 고정요소인 시설투자를 한다.

구조 조정의 목적은 결코 고용 감축이 아니다. 오히려 유연성을 확대하여 경쟁력을 높이고 부가가치와 고용을 창출하는 것이 궁극적인 목적이다.

14
단돈 200파운드로
시작한 소더비

우연하게 착상한 아이디어를 성공적인 사업으로 발전시킨 사례는 많다. 또한, 남들이 가볍게 지나치는 평범한 현상을 위대한 과학의 업적으로 만든 경우도 수없이 많다. 보통 사람은 갖고 있지 않은 특별한 통찰력이 누구에겐가 주어지기 때문이리라. 한때 쓸모없는 돌을 금으로 바꾸려는 무모한 노력을 하던 뉴턴이 떨어지는 사과에서 만유인력을 발견한 것도 결코 우연은 아닐 것이다.

새뮤얼 베이커Samuel Baker도 바로 그런 사람 중의 하나였다. 베이커는 세상에서 희귀한 것은 모두 구할 수 있다는 소더비 경매시장을 창업한 영국인이다. 그는 도서관에서 서고 정리로 버려지는 책들을 보고 저 책도 주인만 잘 만나면 비싼 값에 팔릴 수 있겠다는 생각을 하게 되었다.

그의 최초의 실험은 존 스탠리John Stanley 경 도서관에서 버려진 수백 권의 고전들을 팔아보는 것이었다. 지금은 경매가 일반화되었지만

1744년의 영국에서는 생소하기 짝이 없는 사업(?)이었다. 광고도 여의치 않아 그는 직접 뛰어다니며 희귀한 고전을 싸게 구할 수 있다고 온 동네를 요란하게 만들었다.

결과는 겨우 50여 명이 참여한 가운데 200파운드 정도의 매상을 올린 것에 불과했다. 그것이 바로 역사적인 소더비Sotheby's 경매의 첫 출발이다. 그 후 250여 년이 지난 오늘, 베이커가 창업한 소더비 경매는 세계 100여 곳에서 연 20억 달러의 매출을 올리고 있다. 어디 그뿐인가. 소더비는 희귀한 물건은 무엇이든지 사고팔 수 있는 세계적인 경매의 대명사로 자리 잡고 있다.

소더비를 유명하게 만든 것은 물론 희귀품 경매였다. 나폴레옹이 귀양지인 세인트헬레나 섬에서 읽었던 책과 유품이 경매되었는가 하면, 영국 왕실의 유품들도 소더비를 통해 팔려나갔다. 소더비의 명성을 세계화한 세기적 사건은 1958년에 일어났다. 그것은 바로 골트슈미트Goldschmidt가 소장한 인상파 화가들의 진귀한 그림들을 경매한 것이다.

그날 행사에는 최초로 이브닝드레스 차림의 정장만 허용하여 경머시장의 새로운 분위기를 연출했다. 무려 1,400명이 참가하여 7점의 그림이 21분 만에 사상 최고의 가격으로 모두 팔렸다. 하지만 뉴스는 그게 아니었다. 명배우 앤서니 퀸과 커크 더글러스를 비롯하여 작가 서머싯 몸과 윈스턴 처칠의 부인까지 나타났으니 소더비 경매는 세계적인 뉴스거리가 되었다. 그때부터 소더비 경매는 명사들의 사교장으로 백만장자들의 경연장으로 거부들의 수집광을 만족시키는 경쟁의 장으로 자리 잡게 된 것이다.

디지털 시대에 소더비는 아마존과 결합하여 사이버 공간에서 24시간 인터넷 경매를 하고 있다. 그 결과 종전보다 훨씬 많은 사람이 참여하여 엄청나게 많은 희귀한 재화가 경매되고 있다. 2011년에는 인류 최초의 우주인 유리 가가린이 시험 비행에 사용했던 우주 캡슐이 소더비에서 290만 달러에 팔렸다. 소더비 시장은 아니었지만, 교토의정서 이후 이제는 국가 간의 탄소 배출권까지도 경매되고 있다.

그렇다면 경매는 과연 경제학적으로 어떻게 설명될 수 있는가? 경매는 한정된 재화나 서비스를 다수 대중에게 공개적으로 판매하는 경제행위이다. 경매에서는 신분이나 용도와 관계없이 가장 높은 가격을 부르는 사람이 임자가 된다. 판매자로서는 높은 가격을 받을 수 있고 사는 사람도 자기가 원하는 수준에서 살 수 있기 때문에 경매는 모든 참여자를 만족하게 한다. 또한, 두 당사자가 서로 원하는 수준에서 주고받으면 경제학에서 말하는 교환의 효율성이 성립한다. 증권시장에서의 주식거래와 같다. 따라서 경매는 이론적으로 효율적인 교환을 가능하게 하는 훌륭한 제도이다.

그렇다면 과연 제한된 모든 재화를 경매하는 것이 바람직한가? 이론적으로 보면 그렇게 보인다. 판매자와 구매자가 모두 원하는 가격에 원하는 물건을 살 수 있기 때문에. 그러나 소더비 시장이 항상 바람직한 결과를 보장하지만은 않는다. 왜 그러한가?

15
승자의 저주

비틀스의 일원이었던 존 레넌의 기타가 소더비 경매에서 14만 파운드에 낙찰되었다고 한다. 이 기타는 레넌이 1957년에 불과 10파운드에 산 것이라고 한다. 무려 1만 배가 넘게 팔린 셈이다. 〈네트워크〉에서 열연해 아카데미 주연상을 받았던 페이 더너웨이의 핑크빛 아이 마스크도 수천만 원을 호가했다고 한다. 국내에서도 스타들의 소장품에 대한 인기는 마찬가지다. 그러나 2007년 한중일 한류스타 자선경매에서 보아의 손목 아대가 70만 원에 낙찰되었다. 외국과는 큰 차이가 나는 것 같다.

누가 그런 소품들을 사는 것일까? 경매에서 낙찰의 기쁨을 얻은 승자는 분명히 존 레넌이나 보아를 열렬히 좋아했던 재력가였을 것이다. 구매자는 그 옷에서 얻을 수 있는 자신의 기쁨만큼 가격을 지급했고 판매자도 높은 가격에 만족했을 것이다. 따라서 거래 쌍방이 모두 만족하는 효율적인 거래가 성립되는 것이다.

그러나 그 소품에 대한 사랑이 얼마나 지속할 수 있을까? 영원히 좋아할 것이라고 장담한 팬은 비싼 값을 써내고 경매의 승자가 된다. 용기 있는 사람간이 사랑을 차지하는 법이다. 그러나 변심하는 것도 다반사 아닌가. 낙찰자가 레넌의 기타에 곧 싫증을 낸다면 그 소품이 과대평가되었다는 것을 알게 될 것이다. 당시의 낙찰가가 효율적인 것처럼 보이지만 길게 보면 결코 합리적인 가격이 아닐 수도 있다.

원유의 채굴권이 경매되는 과정을 생각해보자. 누구도 매장량과 상업성을 정확히 예측할 수 없다. 따라서 정확한 채굴권의 가치는 산정하기 어렵다. 과학적인 방법을 동원하여 기업 A가 가장 정확하게 가치를 산정했다고 하자. 그렇다고 경매에서 채굴권이 A에게 돌아간다는 보장은 없다. 오히려 가장 낙관적으로 과대평가한 B 기업이 채굴권을 차지한다. 그러나 B가 실제 채굴해보니 불행히도 애초의 기대치에 크게 못 미친다고 하자. 이렇게 되면 채굴권을 따낸 승자가 시장에서는 오히려 큰 손실을 보는 패자가 된다. 이런 현상을 '승자의 저주Winner's Curse'라고 부른다. 불확실한 미래가치를 너무 용기 있게 평가했기 때문에 나타난 결과이다.

구매자가 합리적이라면 자신이 원하는 용도에 적합하게 가격을 부른다. 그 결과 적정한 최고 가격에서 효율적인 교환이 성립된다. 경제학에서 '효율적인 교환'이라는 말은 모든 거래 당사자가 서로 손해를 보지 않는 가격에서 교환하는 것을 말한다. 예를 들어 적정 이윤을 포함한 원가가 1만 원인데 2만 원에 판매하거나 8,000원에 판매한다면 누군가가 손실을 부담하므로 비효율적이다. 그러나 정확히 1만 원에 판매한다면 양자가 서로 만족하면서 교환하므로 효율적인 거래가 성립된다. 1만 원 이외에는 다른 어떤 가격도 두 사람을 동시에 만족시킬 수 없다. 독점가격은 비효율적이고 경쟁가격이 효율적인 이유도 여기에 있다.

경매는 효율적 가격을 결정해주는 과정이다. 경매에 참여하는 구매자가 모두 '합리적'이라면 승자의 저주도 나타나지 않는다. 특히 미래가치에 대한 확실한 정보를 알거나 같은 유형의 상품이 많이 거래될 때는 합리적인 가격을 제시한다. 따라서 주식시장에서도 경매를 통해 효율적인 가격이 형성될 수 있다.

그러나 누군가가 비합리적인 행동을 한다면 경매는 의외의 결과를 가져올 수도 있다. 주가에 거품이 있는 것처럼 경매가격도 턱없이 올라갈 수 있기 때문이다. 그래서 승자는 비합리적인 의사결정에 대한 고통과 저주를 감당해야 한다. 때로는 그 고통이 소비자에게 전가되는 예도 있다. 누군가가 보아의 손목 아대를 미친 듯이 사랑한다면 경제학으로는 그 가치를 측정하기 어렵다. 그리고 입찰자가 많아질수록 그런 사람이 한둘은 있게 마련이다.

16
에클스의
지혜

에클스M. Eccles는 1929년에 미국 유타 주의 한 은행장이었다. 그 당시에는 하루에도 수십 개씩 은행이 도산하며 미국 전역에 대공황이 엄습하고 있었다. 아무리 건실한 은행이라도 마음을 놓을 수 없는 상황이었다. 은행은 항상 예금주들이 한꺼번에 몰려오면 궁지에 빠질 수밖에 없는 영업구조로 되어 있기 때문이다. 이것을 지급준비금이라고 한다. 금융기관이 망할지 모른다고 모든 예금자가 몰려오면 당해낼 재간이 없다. 피그말리온 효과로 은행은 연쇄부도가 날 수밖에 없다.

그날도 에클스의 은행 앞은 예금을 찾기 위해 몰려든 고객으로 장사진을 치고 있었다. 이는 이 은행만의 예외적인 풍경도 아니었다. 골드먼삭스의 회장이 된 시드니 와인버그도 뉴욕의 은행 앞에서 10달러를 받으며 남을 대신해 줄을 섰다고 하지 않는가. 창 밖에 수없이 많은 인파가 줄을 서 있는데 현금이 모자라 도저히 그날은 버틸 수가 없을 것 같았다. 에클스는 절망 속에서 기발한 아이디어를 냈다. 고객이 요구한 돈을 1달러짜리로 지급하면서 세고 또 세고를 반복하고 인감과 신분증도 여러 번 확인하면서 시간을 끌도록 한 것이다.

그의 작전은 성공했다. 해는 지고 수없이 많은 인파가 기다리고 있는데 현금을 실은 수송차가 은행에 도착한 것이다. 에클스는 현금 차의 문을 열고 "여러분, 돈은 이렇게 충분합니다. 우리 은행은 안전합니다"고 외쳐댔다. 고객들은 서로서로 쳐다보며 흩어지기 시작했다. 은행장의 기지와 피그말리온 효과가 결합하여 또 하나의 자기실현 현상이 나타난 것이다. 그 은행은 가까스로 연쇄부도에서 벗어날 수 있었다.

금융시장에서는 많은 사람이 그렇게 되리라고 기대하면서 행동하면 그 결과가 사람의 기대대로 실현되는 경우가 많다. 주가도 그렇게 결정되는 경우가 많고 기업의 부도도 '유언비어성' 소문에서 비롯되는 예도 있다. 특히 우리나라처럼 금융시장이 발달하지 않은 상태에서는 사실과 다른 소문으로 인한 집단행동이 실제로 현실이 되는 경우가 많다. 이런 이유로 문을 닫은 종합금융회사나 상호신용금고도 많지 않은가.

물론 궁극적으로는 재무구조가 부실하여서 부도로 이어질 것이다. 하지만 집단적인 피그말리온 효과의 영향도 매우 심각하다. 우량한 금융기관도 한꺼번에 많은 고객이 예금인출을 요구하며 몰려들면 제대로 버티기가 어렵기 때문이다. 예금을 돌려주어야 하고 대외적인 신용이 추락하며 문제가 있다고 믿는 다른 고객이 또 몰려오기 때문이다. 이것이 바로 부정적인 피그말리온 효과이다.

그러나 에클스의 경우에는 달랐다. 수많은 고객이 불안감에 떨며 예금인출을 요구하는 행동에 대해 그는 은행을 믿고 안심하게 한 것이다. 한 사람의 노력은 결국은 대단한 기적을 가져오는 〈마이 페어 레이디〉와 같은 피그말리온 효과이다. 아이보리 조각상이 실제 여인으로 환생한 것과 다를 바 없는 기적 아니겠는가.

그렇다면 과연 에클스가 기적적인 성공을 거둔 원인은 무엇인가. 돈이 충분하다는 것을 보여주며 불안한 고객을 안심시켰기 때문이다. 은행을 믿지 못하는 고객들에게 신뢰를 심어주었던 것이다. 위기의 핵심인 불신을 없애줬기 때문이다.

에클스는 후에 루스벨트의 부탁으로 미국의 중앙은행인 연방준비제도이사회FRB 의장으로 금융개혁을 단행하고 대공황을 극복하는 데 결정적인 이바지를 한다. 시골은행을 살려낸 재치로 미국 경제를 구원한 셈이다. 어디, 한국의 에클스는 찾아볼 수 없을까?

17
아마존의
마나우스

남미의 아마존은 원래 그리스 신화에 나오는 전설의 여인족 이름이다. 아레스와 하르모니아의 자손이라는 아마존 부족은 지구의 끝 어딘가에 있는 여인만의 왕국으로 알려져 왔다. 아마존에서는 남자가 태어나면 무조건 이웃 나라에 버리거나 죽여버렸다. 대신 여자는 활을 잘 쏠 수 있게 왼쪽 유방을 제거했다는 전설도 있다. 여인 천하의 전통을 위해 끔찍한 풍습이 강요되었던 것이다.

이 '지구의 끝'은 드디어 1500년 스페인 탐험가 핀손에 의해 발견된다. 이후 본격적인 탐험을 한 스페인의 군인들은 상록수림이 우거진 셀바(열대우림)의 숲 속에서 머리를 길게 늘어뜨린 토인들의 습격을 자주 받고 그곳이 바로 신화 속의 여인국 아마존이라고 생각했던 것이다. 그때부터 여인국은 남미에서 현실로 다시 태어난 셈이다.

실제로 아마존은 아직도 우리에게 지구의 끝이다. 서울에서 아마존의 중심 마나우스Manaus에 가려면 상파울루나 마이애미를 거쳐야 하는데 총 30여 시간이 걸린다. 서울에서 이보다 더 먼 곳이 어디에 있겠는가. 그곳에는 한반도의 30배에 달하는 광활한 열대우림이 있다. 마라뇬 강과 우카얄리 강이 합류하여 만드는 7,000킬로미터가 넘는 아마존 강이 흐른다.

밀림과 여인족에 대한 두려움 때문인가. 아직도 그곳은 '녹색의 지옥'이고 하구가 300킬로미터가 넘는 아마존 강은 진짜 바다를 무색하게 하는 '담수의 바다'라고 한다. 그러나 아마존은 아직도 육로로 연결되지 않아 고립된 섬과 같다. 하늘과 강이 없다면, 수천만 년 흘러 이곳에 도달할 길이 없다. 그래서 원시상태가 가장 잘 보존된 지구의 보고라고 말하기도 한다. 그 진한 역사를 말해주듯 강물도 까맣기만 하다.

경제적으로 보면 아마존은 자연환경, 노동력, 물류 및 자본도 열악하고 배후 도시도 없다. 아마존에서 보면 시장은 마치 지구의 다른 끝에 있는 것 같다. 항구까지의 거리도 수천 킬로미터에 달한다. 그러나 이 셀바의 밀림도시 마나우스에 남미 최대의 전자공업단지가 있다면 어떻게 설명해야 하는가. 실제 삼성SDI를 비롯해 LG전자, 필립스, 일본 기업 등 세계 굴지의 기업이 녹색의 지옥에서 높은 부가가치를 창출하고 있다.

마나우스 공단은 자연환경의 열위를 제도적인 인센티브로 보완해주었기 때문에 가능하게 되었다. 수입 관세에서 물품세와 법인세는 물론 전력과 부동산에 이르기까지 매출의 20퍼센트에 달하는 세금을 감면해준다. 수십만 평 부지의 무상제공에다 도로와 지질조사에 이르기까지 각종 인프라 구축비용도 지원하고 있다. 주정부가 비교우위를 만들어주기 위해 각종 혜택을 베풀고 있는 것이다. 이것은 브라질로서는 당연한 선택이다. 국토의 60퍼센트에 가까운 아마존의 개발 없이 어떻게 브라질 경제의 발전을 기대할 수 있겠는가. 원시 상태의 현지 주민을 문명화시키는 것도 시급하지 않았겠는가.

마나우스는 자연의 비교열위가 제도적인 인센티브로 어떻게 보완될 수 있는가를 보여준다. 수출자유지역이나 외국인 투자 유치와 오지 개발을 위한 전략으로도 널리 활용된다. 많은 미국의 주립대학들도 오지의 미개발 지역에 설립되지 않았는가. 비교우위를 창출하는 정책은 전통적으로 세금감면과 무상부지에서 시작되었지만, 최근에는 교육시설과 주거환경의 개선 등 문화적인 차원으로 확대되고 있다. 시장은 이윤을 좇아 지구의 끝 어디라도 찾아가는 속성이 있다. 인센티브를 부여하면 어떤 땅이라도 비교우위가 있는 지역으로 바꿀 수 있다.

아마존은 원래 여인왕국이라서 처녀림으로 보전하는 것이 더욱 매력적일지도 모른다. 그러나 환경이 조화된 비교우위를 만들어준다면 누가 싫어하겠는가.

18
정보화와
네트워크 효과

　LCD TV 시장에서 삼성과 소니를 제치고 세계 1위에 오른 TV 회사 비지오가 화제다. 무명의 작은 기업이 어떻게 거대 공룡을 꺾고 일약 최대 기업으로 등장했을까? 비지오의 캘리포니아 본사는 2층짜리 작은 건물에 고작 160여 명이 근무한다니 그리 큰 기업이 아니다. 그런데 매출이 2003년의 1,700만 달러에서 2009년에는 25억 달러로 성장했다니 6년 사이에 글자 그대로 대도약을 한 셈이다.

　비지오의 성공비결은 어디에서 찾을 수 있을까? 생산 공장도 없고 대단한 기술도 없다. 그렇다고 유통채널을 가진 것도 아니다. 생산, 유통, A/S에 이르는 거의 모든 단계를 최고 기업으로부터 아웃소싱한다. 본사는 이 모든 걸 효율적으로 연결하는 네트워킹에만 집중한 것이다. 이 결과 최고의 제품을 경쟁기업보다 20~30퍼센트 싸게 팔고 있다니 어떻게 매출이 급성장하지 않겠는가. 이제는 네트워킹 자체가 새로운 경영기술로 부상한 셈이다.

실제 아웃소싱의 전략은 어제오늘의 얘기가 아니다. 델 컴퓨터도 한때 효율적인 외주전략으로 공장 하나 없이 혁혁한 실적을 올렸다. IT 산업의 전형적인 경영전략의 하나로 일반화되어 왔다. 그러나 최근 들어 정보통신과 방송의 융합이 빠른 속도로 이루어지고 있다. 스마트폰의 보급과 트위터, 페이스북 등 사회적 네트워크가 심화 발전되면서 네트워킹 전략이 또다시 주목을 받고 있는 것 같다.

또한, 원자재뿐 아니라 완제품까지 네트워크를 탈 수 있는 정보재 information goods의 확산도 이를 뒷받침하고 있다. 정보재는 디지털로 전환이 가능한 모든 재화와 용역을 말한다. 최근 IT 기술의 발달로 정보재로 전환될 수 있는 상품의 범위가 급속도로 확산하고 있다. 간단한 문자에서부터 시작된 정보재는 CD, USB, DVD 등 각종 저장기기의 발달과 네트워크 서비스의 개발로 영화에서 책과 신문 등에 이르기까지 영역이 끝없이 확장되고 있다.

나아가 3차원 영상의 구현으로 네트워크의 입체효과도 크게 향상되고 있다. 또한, 제품 자체가 정보화되지 않으면 웹스토어와 같은 유통채널을 개발하면서 네트워크 효과를 누릴 수 있게 되었다. 전체 산업의 흐름에서 보면 원자재, 완제품, 유통, 사후관리에 이르기까지 모든 단계에서 정보화와 네트워크 효과가 폭발적으로 일어나는 것이다.

이러한 변화를 경제학적 측면에서 분석해보면 정보재와 네트워크의 힘은 역시 비용에 있다. 재화나 서비스를 디지털화하면 추가적인 생산비가 의미가 없게 된다. 즉, 한계 생산비가 거의 0에 가깝게 된다. 따라서 정보재의 영역에서는 공짜로 공급되는 게 수없이 많아지고 있다. 요즘 인터넷이나 스마트폰, 아니면 다른 네트워크에서 공짜로 구할 수 있는 게 수없이 많지 않은가. 물론 이런 변화로 매출원이 줄어들어 곤경에 처하거나 머지않아 문을 닫아야 할 비즈니스도 엄청나게 증가할 것이다.

그러나 다른 한편으로 네트워킹이 주는 장점도 무한히 많다. 공짜는 공짜대로 즐기면서 자본, 기술, 세계적인 유통망이 없어도 손쉽게 네트워킹을 활용해 뛰어들 수 있는 영역도 엄청나게 많아졌다. 경쟁은 치열해졌지만, 동시에 시장진입의 장벽도 많이 줄어든 셈이다. 다만 누가 효율적으로 네트워크를 이용하느냐에 따라 성패가 좌우된다. 특히 기술이나 유통에서 시장 지배력을 갖고 있지 않은 경쟁기업들에는 더욱 그러할 것이다. 닷컴 거품 붕괴 이후 10년 만에 다시 한 번 정보재와 네트워킹의 르네상스가 도래한 셈이다.

5장 공생경제학

1
'나'의 행복과
시장의 원리

　김동인의 소설 《태형笞刑》은 무더운 여름 감방에 갇힌 '나'의 갈등을 다루고 있다. 3·1운동 직후 다섯 평도 채 안 되는 숨 막히는 공간에서 40여 명의 죄수와 함께 하루하루 공판을 기다리고 있는 '나'. 나의 절실한 욕구는 더는 조국의 독립도, 민족의 자결이나 자유도 아니다. 냉수한 그릇과 맑은 공기가 전부일 뿐 나라 생각은 사치다.

　그러던 어느 날, 70세가 넘은 영원 영감이 태형 90대를 받고 맞으면 죽을 것 같아 항고했다는 말을 듣는다. '나'는 다른 재소자와 한패가 되어 영감을 윽박지르기 시작한다. 아들 둘이 죽었는데 혼자 살아 무엇 하나, 태형 받고 나가서 맑은 공기나 마시지 당신이 나가야 감방의 자리가 조금이라도 넓어질 텐데…….

　결국, 노인은 공소를 취하고 태를 맞으러 나간다. 덕분에 오랜만에 넓어진 자리, 역시 일신의 편안이 최고로구나. 그러나 태 때문에 죽음에 이르는 노인을 보자 '나'는 괴로워한다. 타인의 고통과 나라에 대한 무관심, 이기심, 도덕과 양심을 포기한 '나'가 너무 추해 보여서.

자신의 조그만 이익에만 급급해하는 '나'는 감옥이란 극한적 상황에서만 나타나는가. 우리 주변에서도 자신을 위해 대의를 버리는 사례는 비일비재하다. 특히 경제에서는 소비자나 기업이 자신의 이익을 극대화하는 선택을 한다. 미시경제의 주체인 '나'는 거시경제의 성과보다는 '나'의 행복만을 추구하는 것이다. 이러한 미시적 차원의 선택이 궁극적으로 사회 전체의 이익과 조화되어야 한다. 하지만 때로는 미시경제와 거시경제는 서로 상충하는 결과를 가져온다.

몇 가지 예를 들어보자. 저축은 개별 가계의 부를 축적하는 수단이다. 하지만 모든 국민이 '나'를 위해 저축만 한다면 거시경제는 소비 부족으로 침체할 수밖에 없다. 이를 '저축의 역설'이라 한다. 국민경제를 위해서는 임금이 안정되어야 하는데 '나'만 손해 볼 수는 없다. 기업이 살기 위해 노사관계가 원만하게 유지되어야 한다. 하지만 왜 '나'만 양보해야 하는가. 국민을 위한 화장장은 필요한데, 왜 하필이면 우리 집 뒷산이란 말인가.

우리 동네 골목길에 가로등이 더 많아야 하지만, '나'만 부담할 수야 없지 않은가. 아무도 부담하지 않으면 가로등은 세워지지 않는다. 대기업의 경제력 집중은 완화되어야 한다면서도 '나'는 믿음직한 대기업 제품만 고른다. '나'의 이기적인 선택이 과연 바람직한가.

개별경제 주체의 미시적 동기가 거시경제의 바람직한 방향과 역행하면 좋은 성과를 기대할 수 없다. 다시 말하면 개별 주체가 스스로 행동하게 하는 미시적 동기가 부여되지 않는 정책은 성공할 수 없다. 정부가 아무리 뭐라 해도 일상의 '감방에 갇힌 나'는 당장 나 자신의 이익을 위해 행동할 수밖에 없다. 자신의 이해관계를 먼저 고려하는 그 속마음까지 정부가 통제할 수는 없다. 혹자는 도덕과 윤리를 강조한다. 그러나 그것만으로는 '감방'에서 이루어지는 미시적 경제활동이 거시적 결과와 조화를 이루게 할 수 없다.

그래도 비교적 효율적인 정책수단이 있다면 미시경제의 주체인 '나'에게 시장의 인센티브를 주는 것이다. 이기심을 탓하지 말고 바른 방향으로 행동할 수 있도록 물질적인 보상을 부여하는 것이다. 서비스에 적절한 가격과 자율화의 인센티브가 주어져야만 더 좋은 서비스가 등장한다.

바로 시장의 원리이고 미시적 선택과 거시경제의 성과를 연결해 주는 메커니즘이다. 물론 시장이 모든 갈등을 해결하는 것은 아니지만, 시장만큼 폭넓은 대안도 아직은 없다. 따라서 '나'만을 위한 미시적 행동이 시장을 통해 좋은 결과를 가져올 수 있도록 유도해야 한다. 그래서 숲과 나무가 모두 건강해야 하지 않겠는가.

2
나비 효과

"북경의 나비 한 마리가 뉴욕의 폭풍을 일으킬 수도 있다."

믿기 어려운 황당한 얘기처럼 들린다. 그러나 자연 속에 숨어 있는 가공할 만한 불규칙성의 마력이 이런 현상을 만들 수 있다고 한다. 바로 기상학자 로렌츠가 발견한 현상이다. 그는 기온, 기압, 풍속 등 간단한 12개의 방정식을 이용하여 날씨가 어떻게 변화하는가를 예측해보았다. 기압의 상승과 하강이 반복되면 규칙적인 기후변화가 나타나는 것이 당연하다고 생각했기 때문이다.

그러나 그의 기대는 완전히 빗나갔다. 소수점 네 자리 이하의 작은 차이가 시간이 지남에 따라 엄청난 변화를 유발했기 때문이다. 0.506127을 0.506으로 입력한 기상자료의 작은 오차가 증폭되어 범지구적으로 큰 변화가 초래된다는 사실을 발견한 것이다. 따라서 기상은 작은 오차도 큰 변화를 유발하는 불규칙적 형태를 보이고 있기 때문에 장기예측이 거의 불가능하다는 사실도 증명했다.

북경에서 날아오르는 나비 한 마리의 날갯짓이 공기를 살랑거리고, 그 파장이 한 달 후에는 뉴욕에 폭풍을 몰고 올 수도 있다는 '나비 효과 Butterfly Effect'도 이 실험에서 입증되었다. 이것은 전문용어로는 '초기조건에의 민감성'이라고 불린다.

실제로 날씨의 그 오묘하고 다양한 변화는 나비 효과가 아니고는 설명할 수 없다고 한다. 주기적인 변화 속에 나타나는 불규칙성의 복잡함이 수없이 많은 새로운 현상을 유발하는 것이다. 이것은 복잡한 카오스 현상을 설명하는 데도 자주 인용되지만, 미시경제와 거시경제의 관점에서도 응용될 수 있다.

나비의 날갯짓이 만드는 미풍은 미시적 현상에 해당하고 폭풍을 몰고오는 것은 거시경제에 미치는 큰 영향이기 때문이다. 소비자, 기업가, 근로자 등 개별경제 주체가 선택하는 경제적 행동이 점차 증폭되어 국민경제에 예기치 않은 엄청난 영향을 미치는 현상이 바로 나비 효과 아니겠는가.

실제 경제현상에도 나비 효과가 많이 나타난다. 1930년대의 대공황도 미국 한 시골 은행의 부도로부터 시작되었다. 1997년의 외환위기도 동남아에서 날아온 금융위기의 나비 바람으로부터 촉발되었다고 할 수 있다. 글로벌 경제에서는 나비 효과의 유탄이 언제 어디에서 날아올지 모른다. 거시경제의 기초가 취약할수록 외부에서 밀려오는 나비의 미풍에 더 크게 흔들릴 수밖에 없다.

인생어서도 나비 효과는 언제든지 나타난다. 인생을 변화시키는 선택은 작은 동기에 의해서 이루어질 때 많기 때문이다. 첫인상에 반해서 배우자를 선택하고 영화주인공을 따라서 직업을 결정하는 것도 모두 나비효과 같은 것 아니겠는가. 몇십 년 전의 작은 선택인 셈이다.

우리 경제의 내부에서도 기업이나 근로자의 작은 선택이 거시경제에 큰 영향을 줄 때가 잦다. 작은 사례를 들어보자 기업이 비용 변화를 수시로 가격에 반영할 때 국민경제의 효율성은 높아진다. 원가가 10퍼센트 떨어졌는데도 종전과 같은 가격을 유지한다면 수요는 물론 생산량과 고용도 늘지 않는다.

반대로 원가가 10퍼센트 올랐음에도 가격을 인상하지 않는다면 어떻게 되겠는가? 기업의 수익성은 떨어진다. 이런 상태가 오래가면 품질이 나빠지든가, 고용을 줄이든가, 아니면 생산을 중단하는 사태도 벌어질 수 있다. 적절한 시기에 가격을 인상하지 않거나 시장이 침체하는데도 높은 가격을 유지하는 것은 모두 거시경제의 과열이나 침체를 더 심화시킨다. 가격을 표시하는 메뉴판을 수시로 바꿔주어야만 경제의 효율성이 높아지는 것이다.

그렇다면 왜 기업은 가격표를 쉽게 바꾸지 않는가? 정부의 가격 규제, 거래처와의 장기계약, 또는 내일에 대한 불확실성 등 때문이다. 다시 말하면 가격표를 바꾸는 데 비용이 들기 때문이다. 그런 비용을 경제학에서는 메뉴 비용이라고 한다. 모든 거래에 불가피하게 수반되는 거래 비용에 해당한다.

메뉴 비용이 두려워 가격을 변화시키지 않는다면 경제의 균형이 유지될 수 없다. 역설적으로 작은 메뉴 비용이라도 거시경제의 불안정을 실화시킬 수 있다. 그래서 메뉴 비용은 적을수록 좋다. 가격 대신 아예 '시가'라고만 적은 식당 아줌마의 합리성은 나비 효과의 불안정성을 줄여주는 셈이다.

3
부메랑
효과

  언젠가 국립극장에서 뮤지컬 〈드라큘라〉가 공연된 적이 있었다. 여름철에 흔히 공연되는 납량물의 하나지만, 흡혈귀로 널리 알려진 드라큘라의 다른 면모를 애절하게 보여주고 있었다. 뮤지컬은 드라큘라의 아내 아드리아나에 대한 애절한 사랑을 극화한 것이다. 그의 잔혹한 이미지와는 대조적인 메타포로 관객을 사로잡았다. 드라큘라 이야기는 원래 브람 스토커Bram Stocker의 소설(1897)에서 비롯된 것이지만, 루마니아에서 실존했던 드라큘라의 생애와는 상당한 차이가 있는 것으로 알려졌다.

  실제 드라큘라는 15세기 초 트란실바니아 지방의 성주로서 터키와 헝가리 제국으로부터 주권을 지켜낸 루마니아의 영웅으로 알려졌다. 그러나 그는 권력다툼의 와중에서 부친과 형이 암살당하고 자신도 세 번이나 권좌에서 밀려나는 등 피비린내 나는 역경을 거치면서 폭군으로 변신하게 된다. 수십만 명을 잔혹한 방법으로 살육하고 신체 일부를 잘라 내는 비인간적인 만행을 저질렀던 것이다. 이런 비행 때문에 드라큘라 는 원래 루마니아어로 '용dragon의 아들'이라는 뜻이지만 일부에서는 '악마devil의 아들'이라고 비하한다. 스토커의 소설도 이와 같은 잔인한 이미지와 동구에서 떠돌던 흡혈귀의 신화를 결합하여 창작한 것이라고 한다.

드라큘라의 폭정에는 악명 높은 일화가 많다. 그는 정직과 질서를 특 별히 강조하여 경범자는 물론 어떤 명령도 지키지 않는 사람은 모두 살 해했다고 한다. 그는 폭정으로 시민을 정직하게 만들 수 있다고 확신했 다. 그래서 티르고비스테 광장에 순금의 컵을 진열하고서 지나가는 사 람이 목마를 때 언제라도 물을 마시도록 했다. 그 순금을 블라드 드라큘 라의 재임 기간에는 아무도 가져가지 않았을 뿐 아니라 손상되지도 않 았다고 한다.

그는 노예와 시민에게 생산적인 노동을 강조했고 가난한 자와 거지들 을 모두 범죄자 취급했다. 어느 날 드라큘라는 빈자, 거지, 환자들을 모 두 불러 궁전에서 대향연을 베풀고 실컷 먹게 했다. 그러나 파티가 끝난 뒤 연회장을 폐쇄하고 불을 질러 모두 태워버렸다니 그 잔혹함을 상상 할 수가 없다.

이런 폭군에게도 과연 애절한 사랑이 있었을까? 뮤지컬 〈드라큘라〉에 서는 부패한 교회와 세상에 대한 불만을 무차별한 살인과 만행으로 표 현한다. 급기야 신성불가침이던 교회를 습격하고 성직자는 물론 수도원 에 몰려온 시민을 모두 살해한다. 사제는 죽어가며 드라큘라에게 '영원히 죽지 못하고 침실이 피로 더럽혀지는' 저주를 내린다. '드라큘라'의 만행은 그에 대한 저주로 다시 돌아오게 된다. 사랑하는 아내 아드리아나는 출산 도중 아기와 함께 죽어간다. 하지만 아내를 돌봐줄 의사는 이미 수도원에서 살해되었다. 드라큘라는 아내를 찾아 방황하지만, 침실에서는 사람이 흡혈귀로 변해버리는 저주가 계속된다. 사랑하는 사람은 모두 떠나는데 '영원히 죽지 못하고' 그 고통 속에서 절규하는 드라큘라……. 사랑은 흡혈귀도 그렇게 가련하게 만드나 보다.

자신의 행동으로 자신이 피해를 받는 '드라큘라'의 모습은 우리 일상에서 멀리 있지 않다. 물론 저주의 정도가 '드라큘라'와 비교될 수는 없겠지만, 자신의 이익을 좇는 행동이 결국에는 자신에게 부담되는 사례가 얼마나 많은가. 무분별한 개발의 피해도 개발자에게 돌아오고 환경오염이나 퇴폐유흥업소의 번창도 결국은 오늘의 향락이 내일의 저주로 돌아오는 사례들이다. 의약계나 근로자의 파업도 이 범주에서 크게 벗어나지 않는다. 한계기업으로부터 너도나도 채권을 회수하면 그 피해는 결국 채권자와 국민에게 되돌아온다. 자신의 이익 추구적 행동이 결과적으로 피해를 가져오는 아이러니가 발생하는 것이다.

경제학에서는 자신의 행동이 사후적으로 불러오는 부정적인 영향을 '부메랑 효과'라고 부른다. 부메랑은 호주 원주민들이 사용하던 사냥도구로서 멀리 던지면 다시 돌아오게 만들어져 있다. 원래 부메랑 효과는 선진국으로부터 기술과 자본을 받은 후진국이 경쟁력을 갖추어 선진국과 경제할 때 나타나는 현상으로 쓰였다.

자동차와 전자제품이 대표적인 사례이다. 선진국이 로열티를 받고 기술을 제공했지만, 나중에는 선진국 제품과 경쟁하기 때문이다. 이런 사례는 특히 국외 직접투자에서 많이 발생한다. 초기의 이윤추구를 위한 투자결정이 부메랑으로 되돌아와 다국적 기업을 고통스럽게 만드는 것이다. 그래서 국외투자에는 최신 기술을 제공하지 않는 경향이 있다.

요즘과 같이 세상이 열려 있고 금융시장에서 다양한 상품이 거래되고 시장의 위험이 남아 있는 상황에서는 부메랑이 어디로 날아올지 알 수가 없다. 눈앞에 자신의 이익만을 생각하지 말고 부메랑 효과도 고려해보자. 돌고 돌아서 나 자신에게 피해가 돌아올 수도 있지 않은가. 경제에서는 때로 나의 이익이 이웃의 손실을 주고 그것이 다시 내게 큰 피해가 되는 경우도 많다. 〈드라큘라〉 속의 감미로운 아리아처럼 결국 '우리는 하나'가 아닌가.

4
공유재산의
비극

공짜라면 양잿물도 먹는다는 속담이 있다. 한때는 양잿물로 양념 된 '부드러운 소고기'를 자신도 모르게 먹은 사람도 있다. 하지만 알고서야 어떻게 양잿물을 먹겠는가. 그럼에도 세상에 공짜를 싫어하는 사람은 많지 않을 것이다. 남에게 조건 없이 베풀 때 큰 기쁨을 느끼는 것처럼 공짜를 즐길 때도 상당한 쾌감(?)이 있게 마련이다.

그러나 세상에 그런 공짜가 어디 있겠는가. 경제생활에 공짜 점심이 있을 수 없듯이 개인에게는 공짜처럼 보이는 것도 사회적으로는 공짜가 아닌 것이 대부분이다. 단지 책임소재나 소유권이 명확히 설정되지 않았을 뿐이리라. 예를 들어 호수의 물고기는 누구의 소유이며 지하수와 맑은 공기는 과연 누구의 것인가? 이 경우 소유권은 분명치 않지만, 누군가 사용하게 되면 다른 사람이 쓸 수 있는 가용자원이 줄어드는 것은 분명하다. 마을의 저수지나 목초지처럼 소유권이 공동으로 명확히 규정되어 있는 공유재산도 같은 성격이다.

누구든지 마음대로 물고기를 잡을 수 있는 저수지를 생각해보자. 낚시꾼은 어떻게 행동하겠는가? 공동으로 사용할 수 있는 목초지가 있다면 가축을 기르는 사람은 어떤 행동을 나타내겠는가? 각 개인의 이익추구를 위한 경제행위가 공유자원의 고갈을 촉진하게 될 것이다. 환경오염도 이런 과정을 통해 유발된다.

개인의 사적 재산과 달리 소유관계가 명확히 설정되지 않은 공유재산은 불행히도 효율적으로 관리되지 못하는 속성이 있다. 자신의 소유가 아니어서 공짜처럼 무책임하게 사용하기 때문이다. 공원의 화장실은 왜 항상 지저분한가. 공유재산이나 공공자원은 함부로 남용되어, 쉽게 더러워지고 고갈될 수밖에 없는 운명을 가진 것이다. 이런 현상을 경제학에서는 '공유재산의 비극Tragedy of the Commons'이라고 한다.

하딘G. Hardin이 제시한 이 비극이 가장 심각하게 나타났던 역사는 바로 사회주의의 실험이었다. 공동으로 생산하고 필요에 따라 분배한다는 이상은 누구에게도 공유재산의 창출에 주력할 인센티브를 주지 못했다. 북한에서는 개인이 가꾸는 '텃밭'의 생산성이 가장 높았고 집단농장은 실패를 거듭하지 않았는가.

그렇다고 이 비극이 우리와 멀리 떨어져 있는 것도 아니다. 혈세로 조성된 공적자금이 엉뚱하게 사용되고 공공부문에서 방만한 지출이 이루어지는 것도 모두 이 비극의 일부이다. 각종 기금이 비효율적으로 운영되는 것도 모두 공유재산의 비극에 해당한다. 자신의 돈이라면 어떻게 그렇게 방만하게 사용하겠는가. 주인이 확실치 않은 남의 돈이라서 도덕적으로 해이한 행동을 한 결과이다. 그래서 공적자금은 있는 것보다 없는 것이 더 좋다. 시장경제에서도 소유관계가 명확하지 않은 부문에서는 예외 없이 공유재산의 비극이 나타나고 있는 것이다.

그렇다면 과연 비극을 희극으로 바꿀 수는 없는가. 공짜라면 무조건 좋아하는 행태를 바꿀 수 있다면 문제는 간단하다. 그래서 개미처럼 집단의 이익을 위해 희생할 수 있는 국민성이 길러질 수 있다면 그런 비극은 발생하지 않을 것이다. 그러나 이것은 물론 경제학의 영역이 아니다. 이 비극을 줄일 수 있는 경제학적 처방은 자신의 행위로 유발되는 모든 사회적 비용을 각 개인이 부담하게 하는 것이다. 공유재산이라도 함부로 쓸 수 없는 엄격한 규칙을 만들어야 한다. 그렇게 되면 당연히 세상에는 공짜가 없어지게 된다.

5
절약의
모순

우리의 적敵은

일 센티미터의 먼지와

스무 시간의 소음과

그리고 다시 밝는 하늘이다

몇 번이라도 되 아무는 상처와

서른 번의 숨소리와

뜨거운 손톱

우리의 적은

전쟁이 아니다

부자유도 아니다

어둠 속에서도 너무 깊이 보이는

그대와 나의 눈

십 리 밖에 온 가을도

우리의 눈을 벗을 수는 없다

가을이 일으키는 혁명도

아아, 실오라기 연기煙氣 하나도

그렇다. 우리의 적은

저 끊어지지 않는 희망과

매일 밤 고쳐 꾸는 꿈과

불사不死의 길

그리고 아직 살아 있음

— 강은교, 〈우리의 적敵은〉

우리 일상에 숱한 적이 묻혀 있듯이 경제에도 불황을 불러오는 적들이 산재해 있다. 때로는 '끊어지지 않는 희망'과 생존을 위한 '서른 번의 숨소리'마저도 적이 되듯이, 경제에서도 나를 위한 자기 방어가 불황을 장기화시키는 악덕이 될 수 있다.

최근 수요가 부족하여 침체를 거듭하는 우리 경제를 생각해보자. 경제가 불황에 빠지면 개인으로서는 소비보다는 저축을 많이 하려 한다. 미래에 대한 불안 때문에 오늘의 소비를 줄이고 내일을 위한 저축을 해야 하지 않겠는가. 그러나 이러한 개인의 행동은 사회 전체로는 불황을 장기화시키는 요인이 된다. 개인이 저축을 늘린 결과 소비가 줄어들면 기업의 매출이 감소한다. 재고가 늘어나고 수익성도 악화한다. 이런 상태가 지속하면 기업은 투자와 생산을 감축할 수밖에 없고 고용 규모를 줄이는 등 구조 조정을 하게 된다.

결국, 경제는 더욱 침체하여 다시 실업자가 늘고 민간의 소득도 감소한다. 이렇게 세상이 불안하면 개인은 다시 소비를 줄이고 절약할 수밖에 없지 않은가. 그래서 불황기에 민간의 소비가 줄고 저축이 늘어나면 경제는 침체의 악순환을 거듭한다. 자신의 생존과 미래를 위한 저축이라는 미덕이 경제 전체적으로는 악덕이 되는 경우이다. 이런 현상을 경제학에서는 '저축의 모순' 또는 '절약의 모순Paradox of Thrift'이라고 한다.

IMF 위기 이후 우리의 모습에서도 절약의 모순을 찾아볼 수 있었다. 흔히 '잃어버린 10년'이라고 불렸던 기간 동안 형성된 미래에 대한 불안감으로 개인들의 소비가 크게 위축된 것이다. 이를 극복하기 위해 정부가 내놓은 비책이 '카드' 사용을 촉진하는 것이었는데 개인 신용에 대한 관리가 제대로 이뤄지지 않았기 때문에 뒤탈이 무척 심했다.

'잃어버린 10년'으로 대표되는 장기침체의 일본은 한때 민간 소비를 늘리기 위해 쿠폰까지 무료로 배부했지만, 내일을 불안하게 생각하는 개인들은 구두쇠 작전으로 일관했다. 민간의 소비가 늘지 않으면 정부나 기업이 지출을 늘리거나 수출을 증가시켜야 하는데 이 모두가 여의치 않았다. 기업은 불황 때문에 제로 금리에서도 투자를 늘릴 수 없고 정부의 재정 적자도 심각한 수준에 이르렀다. '플라자 협정' 이후, 저평가된 달러 환율 탓으로 수출도 어려웠다. 유동성 함정에 이어 저축의 함정에 빠져버렸던 것이다.

최근 우리 경제도 이 범주에서 크게 벗어나지 않는다. 우리 경제를 살리려면 소비와 투자를 증진해야 하는데 구체적인 정책을 거론하면 서로 갈등을 빚는 것들이 너무나 많다. 소비를 조금 많이 하는 듯하면 '과소비'로 매도하며 반사회적으로 죄악시하는 여론 때문에 여유 있는 사람마저 지갑을 열지 않는 것이다.

국외여행과 유학을 크게 늘어도 국내소비는 증가하지 않는 현상이 나타나고 있다. 영리 의료법인을 허용하여 의료 서비스를 자유화하면 경제를 살리는 데 크게 이바지할 수 있음에도 위화감을 이유로 표류하고 있다. 민간의 소비가 위축되면, 경제는 당연히 침체에 빠진다. 옆집의 소비를 아니꼽게 보지 말아야 한다.

물론 저축이 항상 악덕이 되는 것은 아니다. 공급 능력이 부족한 후진국에서는 민간의 저축이 있어야만 생산 시설을 확장하는 데 사용할 수 있다. 공급은 제한되어 있는데, 수요만 늘어나면 당연히 물가가 상승하여 인플레이션이 나타난다. 그러나 최근과 같이 수요가 부족하여 침체한 경우에는 누군가가 돈을 써주어야만 경기가 살아날 수 있다. 민간의 소비도 수출이나 기업의 투자에 못지않게 중요한 경기 활성화의 한 요소이다.

이렇게 보면 여유 있는 사람의 과소비가 '우리의 적'이 아닐 수 있다. 그들의 소비가 내일의 자리를 만들어내는 것이다. 저축의 함정에서 벗어나려면, 옆집 순이네가 좀 쓰는 것을 너무 아니꼽게 보지 말자. 어쩌면 '우리의 적'은 순이네가 아니라. 나 자신일 수도 있다.

6
머피의
법칙

　'때와 장소를 가리지 않고 걸면 걸리는' 두루누리(유비쿼터스) 시대라
고 하지만 이웃의 휴대전화 때문에 짜증 날 때가 잦다. 당사자에게는 기
다리던 즐거운 전화겠지만, 이웃에게는 그렇지 않다. 만원 버스에서도
아랑곳하지 않고 시시콜콜한(?) 얘기를 떠들어대고 강의실에서도 각종
전화벨 소리가 끊이지 않는다.

　오죽하면 어느 대학에서는 감점까지 고려하고, 공연장은 전파 차단
장치를 설치한다고 하겠는가. 피임약과 더불어 금세기 최고의 문명의
이기라는 정보 통신을 만끽하기 위해 내야 하는 비용일 것이리라.

　이웃 때문에 시달리는 경우가 어디 전화뿐이랴. 수다스러운 커플 옆
에 앉아 연극을 보는 것이나, 더운 여름날 매연과 소음을 내뿜는 트럭을
따라가게 되는 상황이나, 오염된 물과 공기 등 이루 헤아릴 수 없이 많
다. 나를 슬프게 하는 이런 일들을 '머피의 법칙'이라 해도 좋다. 그러나

핵심은 내 이웃 때문에 보는 피해가 나의 선택과는 무관하다는 데 있다.

이처럼 내 이웃의 행동이 나의 의도와는 상관없이 내게 영향을 주는 현상을 경제학에서는 '외부성外部性'이라고 한다. 외부성은 긍정적 영향을 미치는 '외부경제'와 부정적인 효과가 있는 '외부비경제'로 구별된다. 외부성은 물론 기업의 운명을 좌우할 때가 잦다. 화학 공장의 입주로 주변의 과수원이나 연안의 양식업이 타격을 받는 사례가 대표적이다. 하필이면 그 공장이 내 이웃에 있기 때문에 발생하는 부정적 영향이다.

공단에서 흘러나오는 공해 물질을 정화하려면 엄청난 비용이 들어갈 것이다. 그 비용은 당연히 공해를 배출하는 기업이 부담해야 한다. 그러나 환경 규제가 엄격하지 않은 후진국에서는 그냥 내버려둬 버리는 경우가 많다. 그 기업은 오염 물질을 정화하는 데는 관심이 없다. 자신의 이익만 극대화한다. 결국, 공해를 제거하기 위해 사회가 부담해야 할 비용이 증가하게 된다.

기업이 부담해야 할 사적 비용이 사회적 비용으로 변하는 것이다. 오염된 물을 정수시키고 공해가 유발한 각종 질환을 치료하기 위한 비용이 모두 여기에 해당한다. 그러면 사회가 부담해야 할 비용이 많이 증가하게 된다. 그 비용은 결국 누가 부담하는가. 바로 이웃 때문에 내가 부담해야 하는 비용이다.

반대로 화학 공장은 자신이 부담해야 하는 사적 비용이 줄어들기 때문에 오히려 대외 경쟁력을 확보할 수도 있다. 만약 공해 처리 시설을 갖추어야 한다면 당연히 비용은 상승하고 경쟁력은 약화한다. 그 기업은 이웃의 희생을 바탕으로 경쟁력을 확보한 셈이다. 이런 이유로 공해

산업은 후진국으로 이전되고, 주민은 영문도 모르고 외부비경제의 희생양이 되는 것이다. 1984년 유니언카바이드사의 인도 공장에 수만 명의 목숨을 앗아가는 보팔 참사가 발생했는데, 대표적인 외부비경제 사례이다.

외부비경제는 이웃에 미친 피해를 서로 정산하여 처리될 수도 있다. 그러나 실제로는 그렇지 못하다. 자동차의 매연 피해나 만원 버스 안에서 전화 때문에 받은 정신상, 건강상의 피해를 어떻게 모두 보상받을 수 있겠는가. 이들은 피해를 주면서도 비용은 물지 않는다. 그러나 경제에는 역시 '공짜 점심'이 없다. 즉, 공해는 더욱 심각해지고 이로 말미암은 사회적 비용 또한 계속 증가한다.

공해를 만들어내는 내 이웃이 부담을 느낄 엄격한 공해 방지 제도가 도입되지 않는 한 외부비경제는 자꾸 늘어만 갈 것이다.

7
정보의 비대칭성과 역선택

"윤정아, 네가 만일 다른 사람의 마음을 다 알 수 있다면 어떻게 될까?"

일요일 아침 차 안에서 아이에게 물었다.

"그것 참 좋겠다. 시험공부 안 해도 되겠네. 선생님께서 어떤 문제를 내실지 모두 알 테니까……."

시험에 시달리는 아이의 명쾌한 대답이다.

"그런데 너뿐만 아니라 다른 친구들도 모두 선생님의 마음을 알게 될 텐데?" "글쎄…… 아무도 공부할 사람이 없겠네. 성적도 차이가 안 날 것 같은데." "그렇게 되면 세상이 지금보다 더 단순하고 재미없어질 것 같기도 하다. 차라리 모르는 게 약이지."

정말 상대방이 생각하는 모든 것을 서로 알 수 있다면 세상이 어떻게 될까. 몇 해 전, 우리 사회를 떠들썩하게 만들었던 '광고 모델 X파일'에 대한 진실을 모든 사람이 공유한다면, 억울한 사람도 불신하는 사람도 없을 것이다. 유리알처럼 맑고 투명한 세상에서는 서로 속일 수도 없고 거짓을 좇는 직업도 사라질 것이다. 상사나 부하의 생각도 꿰뚫어볼 수 있고, 짝사랑으로 애태우는 젊은 날의 고뇌도 줄어들지 않겠는가. 진실한 정보가 모두 투명하게 공개될 수 있다면, 삶의 스트레스도 훨씬 줄어들 것이다. 정보의 불투명을 사업 기반으로 하는 사람은 실업을 우려해야 할 것이다.

그러나 이러한 유리알 세상을 걱정할 필요가 없다. 열 길 물속은 알아도 한 길 사람 속은 모른다고 하지 않았던가. 영화 〈타이타닉〉의 여주인공 로즈가 그 운명의 블루 다이아몬드 목걸이를 바다에 던지며 독백하던 그 '여인의 깊은 심연'을 남들이 어찌 알 수 있으랴.

세상에는 나만 알고 남은 모르는 일이 너무나 많다. 반대로 상대방은 잘 알고 있는 정보를 내가 모르는 경우도 많다. 정보는 공평하게 나누어 갖지 못한다. 배우자나 종업원을 선택할 때도 마찬가지이다. 후보자는 자기 자신에 대한 정보를 모두 갖고 있지만, 정작 나는 그를 잘 알지 못하고, 안다고 해도 선뜻 믿음이 가지 않는다. 이처럼 거래의 상대방은 충분한 정보를 갖고 있지만, 다른 한쪽은 그렇지 못한 현상을 경제학에서는 '정보의 비대칭성'이라고 한다. 어려운 용어 같지만, 핵심은 결국 양쪽이 같은 정보를 갖고 있지 않다는 뜻이다.

이는 마치 안에서는 바깥이 보이지만, 바깥에서는 내부를 볼 수 없게 코팅한 '반사유리'와 같다. 그러나 반사유리와 달리 정보의 비대칭성은 숱한 문제를 일으킨다. 교과서적인 사례는 보험시장이다. 보험은 건강한 사람보다 보험금을 탈 가능성이 높은 사람이 주로 가입한다. 보험금을 탈 가능성이 거의 없는 사람이라면 보험에 가입할 이유가 없지 않은가. 보험회사는 가입자의 병력을 고백하라고 하지만, 그 정보는 완전히 비대칭적이다.

가입자는 자신에 대해 잘 알고 있지만 보험회사는 그렇지 못하다. 사고를 자주 내는 가입자만 많아지면, 보험료는 올라가고 건실한 사람은 더욱 보험을 멀리한다. 정확한 가입자 정보만 없다면 '피하고 싶은 고객'만 늘어나고 보험료는 계속 올라간다. 이러한 결과를 '역선택adverse selection'이라고 부른다. 정보의 비대칭성이 결국은 '안 좋은' 대상자만 선택하게 되는 결과를 가져온다.

명예퇴직을 신청받는 기업들도 역선택을 경험한다. 내보내고 싶은 사람은 오히려 자리를 더욱 굳건히 지키고, 유능한 사람은 명퇴금도 받고 다른 직장으로 스카우트되는 경우가 발생하기 때문이다. 국민연금의 소득신고에서도 같은 현상이 발생하고 있다. 자기 소득보다 적게 신고하는 사람을 가려내기 어렵고, 정확히 신고하는 사람이 오히려 손해를 본다면 이것 또한 역선택이라고 할 수 있다. 연금공단이 정확한 소득정보를 갖고 있다면 피할 수 있을 텐데. 이처럼 정보의 비대칭성은 우리 삶의 주변에서 바람직하지 않은 결과를 가져오는 역선택 현상을 유발하게 된다.

진실한 정보는 항상 하나밖에 없다. 그 진실을 일부 사람만 알게 되는 반투명의 세상에서는 정보의 비대칭성 때문에 역선택이 발생한다. 고급 의상에 대한 조사도 만약 모든 사람에게 유리알 같은 정보를 제공하지 못한다면 같은 결과를 가져온다. 높은 수준의 한계효용을 만끽하며 삶의 질적 가치를 높일 수 있을 것이다.

8
무소유와
아메리칸 뷰티

"나는 가난한 탁발승이오. 내가 가진 것은 물레와 교도소에서 쓰던 밥그릇과 염소 젖 한 통, 허름한 모포 여섯 장뿐이오. 더 있다면 대단치 않은 명성뿐이오."

마하트마 간디가 1931년 런던의 원탁회의에 가는 도중, 마르세유 세관원에게 소지품을 펼치면서 한 말이다. 법정 스님은 이 구절을 읽으며 몹시 부끄러웠다고 고백한다. 자신이 가진 것이 너무 많다고 생각되었기 때문에.

"인간의 역사는 어쩌면 소유사所有史처럼 느껴진다. 소유욕에는 끝도 없고, 그저 하나라도 더 많이 갖고자 하는 일념으로 출렁거리고 있는 것이다."(법정, 《무소유》)

역설적으로 경제학은 무수한 사람의 그 '일념'을 충족시켜주기 위해 크게 이바지해온 셈이다. 경제성장이 물질적인 소유의 몫을 증대시키는 과정이기 때문이다. 희소한 자원을 가장 효율적으로 활용하면서 분배의 몫을 크게 하는 것이 바로 경제성장의 목표가 아닌가. 그래서 성장의 풍요로움을 달성하기 위해 얼마나 많은 세상 사람이 고심해왔는가. 일부에서는 사회주의를 실험하다가 실패하기도 했고, 시장에 사회주의적 요소가 혼합된 제도가 도입되기도 했다. 그러나 물질적인 풍요를 기준으로 한다면, 아직은 자유경쟁과 금전적인 인센티브를 중시하는 미국형 시장경제가 가장 성공적인 것 같다. 국민이 물질적으로 소유할 수 있는 몫이 세계에서 제일 크기 때문이다.

그렇다면 경제성장으로 얻게 되는 부의 증가가 과연 개인의 행복을 보장하고 사회적 후생을 증대시켜주는 것일까? 경제학자의 대답은 분명히 '그렇다'일 것이라고 기대하지만, 실증적인 분석은 반드시 그렇지만은 않다. 그토록 풍요하다는 '미국의 아름다움'은 2000년 아카데미상을 석권한 영화 〈아메리칸 뷰티American Beauty〉에 잘 묘사되어 있다. 장기 호황의 이면에 숨어 있는 중산층 가정의 불안, 두려움, 섹스, 마약 등의 뒤틀린 고통이 얼마나 심각한가. 게다가 물질적 풍요와 사업 성공의 강박감에 사로잡혀 업계 황제와 불륜까지도 서슴지 않는 아내 캐롤린(아네트 베닝)의 일상은 오히려 '미국적 비극'의 표상으로 등장한다.

실제로 경제성장과 사회적 후생의 관계에는 "최저 생활 수준만 벗어나면 경제성장은 개인의 행복이나 사회적 후생의 증가에 이바지하지 못한다"는 '이스털린의 역설Easterlin Paradox'이 적용된다.

이스털린의 연구 결과는 여러 자료에서도 뒷받침되고 있다. 미국인은 1990년대 호황의 덕택으로 소득이 많이 증가했음에도 1940년대보다 행복하지 않다고 대답했다. 일본인들도 엄청난 풍요를 창출한 1980년대가 패전 직후인 30년 전보다 오히려 행복하지 않았다고 한다. 런던 정치경제대학의 행복지수에 따르면 2009년 행복도가 가장 높은 나라는 방글라데시이고 2위는 아제르바이잔이었으며 한국은 23위였다. 이러한 여러 결과를 종합해보면, 경제적 풍요가 반드시 국민의 행복을 증진하는 가장 중요한 요인이 아닐 수도 있다는 것을 보여준다.

경제가 성장하여 부가 증가하는 것이 행복에 이바지하지 못한다면, 경제성장에 연연할 필요가 없지 않은가. 그래서 이스털린의 역설은 반성장론자들이 즐겨 인용한다. 그렇다면 과연 이 역설은 어떻게 설명해야 하는가?

모든 사람이 간디처럼 '무소유의 역설'에 달관하여 물질적 부에는 무관심한 것인가. 소유사를 만들어가는 인류라면 모두가 그렇지는 않을 것이다. 그렇다면 성장이 행복의 열쇠가 되지 못하는 이유는 무엇인가? 적어도 몇 가지 설명이 가능하다.

9
이스털린의
역설

소득분배의 왜곡을 얘기하자면, 한때 소모사 가문의 족벌독재정치로 유명했던 니카라과를 빼놓을 수 없다. 1936년 쿠데타로 정권을 잡은 소모사 1세는 아들 루이스와 동생 드바일레 등 3대에 걸쳐 무려 43년간 니카라과를 지배했다. 물론 그 폐해는 곳곳에서 나타났다. 가문의 부정축재도 대표적인 치부의 하나였다. 그 시절 미국 CBS 방송의 인기 시사 프로그램인 〈60분〉은 소모사 2세를 취재했다. 진행자인 마이크 월리스가 물었다.

"당신 가문이 니카라과 재산과 소득의 50퍼센트 이상을 갖고 있다는 비난이 많은데 사실입니까?" "물론 사실입니다. 그런데 그것으로 충분치 않습니다. 적어도 75퍼센트는 갖고 있어야만 국민에게 나눠줄 것도 많고 일자리도 더 만들 수 있지요."

그러나 소모사도 결국은 75퍼센트를 다 채우지 못한 채 1979년 좌익

산디니스트에 의해 축출되어 미국으로 망명하는 신세가 되었다. 죽는 날까지 그 많은 재산과 독재의 업보에서 벗어나지 못하여 방탄차를 타고 다녔지만, 결국은 파라과이에서 대전차포로 암살되는 신세가 되었다.

도대체 사람은 얼마나 많은 돈과 재산을 가져야만 만족할 수 있을까. 소모사는 50퍼센트를 갖고도 불만이었다. 이스털린은 소득 수준이 최저생계비만 벗어나면, 경제성장으로 자신의 소득이 늘어나도 더 풍요롭게 여기지도 않고 행복하게 느끼지도 못한다고 했다. 왜 그러한 현상이 나타나는가.

가장 설득력 있는 가설은 자신의 절대 소득이 늘어나는 것보다도 남과 비교한 상대적 위치가 더 중요하다는 것이다. 예를 들어 국민 전체의 평균소득이 4,000달러에서 1만 2,000달러로 증가하면 모든 국민의 절대 소득도 평균적으로 3배 정도 늘어나게 된다. 그러나 일부 계층은 4,000달러 시절에 3,000달러를 벌다가, 지금은 비록 6,000달러를 번다고 해도 크게 만족하지 않는다는 것이다. 남들과 비교한 상대적 위치가 더 하락했기 때문이리라.

그렇다면 구체적인 비교의 대상이 누구냐에 따라 만족도가 달라진다는 얘기가 된다. '사촌이 땅을 사면 배가 아프다'는 속담을 논리적으로 증명하는 가설이다. 절대 소득이 천천히 늘어나도 남과 비교한 상대적 위치가 거선될 때 비로소 자신의 후생이 증가하게 되는 것이다. 내 소득이 비록 많이 늘어나지 않았어도 남들과 비교해서 나아졌다면 더없이 행복해진다.

그런데 경제성장은 여러 분야에 많은 변화를 수반하면서 이루어진다.

빠르게 성장하는 산업이 있는가 하면 몇 년 동안 침체되는 부문도 있다. 특히, 성장이 불균형적으로 이루어지면 그런 현상이 심각하다. 소득분배의 구조도 당연히 변화하게 된다. 종전과는 다른 형태로 바뀌면서 평균적으로 국민의 소득은 증가하지만, 상대적 위치는 크게 흔들린다.

특히 많은 사람이 잘 나가는 소수 계층만 바라본다면 어떻게 되겠는가? 자신의 소득은 늘었음에도 오히려 불만을 느끼는 사람이 많게 된다. 그래서 경제성장이 반드시 많은 사람의 행복감을 증가시켜주지 못한다는 것이다. "가난한 국가일수록 경제가 성장하면서 소득분포는 더 왜곡된다"는 쿠즈네츠S. Kuznets의 가설에 따라 이런 현상은 저개발국에서 더 심각하다.

그렇다면 모든 사람의 소득이 균등하게 성장하는 것이 더 바람직한가? 더 극단적으로 말하면, 소모사를 축출한 산디니스트와 같이 공동 생산하여 필요에 따라 분배하고, 형평을 달성하는 것이 행복한 것인가? 과연 그런 형평의 사회가 이상적인가? 자신의 절대 소득과는 관계없이 같이 굶주려야만 마음이 편안하다고 믿고 있는 것인가? 반드시 그렇지는 않을 것이다.

10
노 약사의
탱고 연주

오래전 아르헨티나에서 열린 세계통신학회에 다녀왔다. 너무 먼 곳이라 한동안 망설였지만, 설익은 직업의식이 가는 길을 막지 못했다. 아르헨티나는 불행히도 실패한 경제의 상징이었기 때문이다. 한때 세계 9위의 경제 대국이었던 아르헨티나는 페론과 에비타를 거치면서 대중의 인기를 바탕으로 '노동자 천국'을 시도했다.

그러나 아무 비용 없이 어떻게 천국에 도달할 수 있겠는가. 천국보다 먼저 등장한 살인적 인플레이션과 군사독재의 횡포가 남긴 유산은 결국 삼류로 전락한 오늘의 모습뿐이다. 시혜적인 복지정책으로 재정이 탕진되었고, 적자를 메우기 위한 민영화와 비교우위를 무시한 산업화도 모두 실패한 사례로 남아 있다. 그러나 경제 실정失政에도 탱고의 인기는 날로 더하여 최근에는 동양의 대도시에도 탱고 클럽이 번성한다고 한다.

여행 중 하루는 '라 벤타나'라는 전통 극장에서 탱고를 즐기게 되었다. 우선은 다른 춤과는 구별되는 독특한 탱고의 정서가 관객을 사로잡는다. 탱고는 우울하면서 경쾌하고 서로 거부하며 갉아 먹을 듯하다. 이내 무엇인가 원대한 꿈을 갈구하는 모습을 보여준다. 그래서 춤의 감흥보다는 가슴이 미어질 듯하면서도 아름답고 심오한 갈망이 담겨 있다. 또한, 친밀하고 감각적이지만, 심각한 표정에 흐르는 명상적인 자세가 빠른 발놀림과 조화를 이룬다. 〈라 쿰파르시타〉와 같은 아름다운 멜로디와 서정성이 부드러운 리듬 속에 흘러나오면 더욱 그러하다.

극장 분위기도 기대와는 달랐다. 서울에서 국악을 보러 간 느낌이라고나 할까. 오히려 이방인이 탱고의 정열에 불을 지필 뿐, 열광적인 모습은 찾아보기 어려웠다. 이것은 탱고를 연주하는 악사들을 보면 더욱 뚜렷해진다. 모두 60이 훨씬 넘은 노 악사들이 아코디언과 유사한 반도네온에 온 영혼을 가득 담아 자유자재로 건반을 늘어뜨리며 온 힘을 다하고 있었다. 그 모습은 바로 장인의 표상이었다. 젊은이들이 사라진 빈자리에 그들만이 전통문화의 지킴이로 영혼을 불사르고 있는 것이다.

시대의 변화에 아랑곳하지 않고 옛날에만 흠뻑 빠져 있는 노 악사들. 나의 직업의식으로는 그것이 바로 아르헨티나의 오늘을 보여주는 표상 같았다. 한 가지에 너무 고착되어 빠져나오지 못하는 현상을 경제학에서는 함정이라고 부른다. 사람은 물론 자본도, 기술도, 금융도 모두 함정에 빠질 수 있다. 자본이 특정 산업에 고착되면 다른 산업으로는 전용될 수 없는 함정에 빠져 매몰 비용이 된다. 타자수가 타자기에만 몰두하고 컴퓨터를 배우지 못하면, 이 역시 함정에 빠진 것이다. 주변 기술의 발달을 외면하고 전통 기술만 고집해도 그 산업은 더 발전할 수 없는 함정에 빠진다. 높은 인플레이션이나 실업이 지속하는 경제도 악순환에서 벗어나기 어려운 함정에 빠지기 쉽다. 과거를 답습하려는 관성과 경제 주체의 기대가 겹쳐 함정을 벗어나기가 어려운 것이다. 이자율이 낮은 상태에서 발생하는 유동성 함정도 금융 정책만으로는 빠져나오기 어렵다. 이자율을 변동시켜도 어떤 영향을 주지 못하기 때문이다.

개인도 마찬가지다. 한번 함정에 빠지면 비교우위의 변화를 따라가지 못하기 때문에 새로운 일자리를 찾기 어렵다. 그래도 노 악사는 전통문화의 지킴이로 보람이나 있겠지만, 모든 경제 주체가 그렇게 된다면 나라 경제가 어떻게 되겠는가. 아르헨티나가 바로 이러한 비교열위의 함정에서 수십 년 동안 헤어나지 못하고 있는 것이다. 탱고조차도 "두 사람의 몸과 기운은 물론 영혼까지도 함께해야만 아름답다"고 한다. 하물며 경제가 온 국민의 의지를 담은 영혼 없이 어떻게 함정에서 벗어날 수 있겠는가.

11
거시기도 국가가
관리하는가

젊은 청년이 순진한 시골 처녀를 알게 되었다. 두 사람은 얼마 지나지 않아 사랑에 빠졌다. 주변에서 신랑감 하나 찾아보기도 어려운 판에 누가 보아도 수려한 멋쟁이가 저절로 굴러 왔으니 처녀는 마냥 즐겁고 기쁘기만 했다. 그래서 그녀는 어렵지 않게 그 남자가 원하는 모든 것을 바치게 되었다. 그녀는 첫 경험의 짜릿한(?) 순간에도 내내 두 사람의 미래에 대한 설렘과 흥분에서 벗어나지 못했다. 그래도 미심쩍어 자신을 책임져야 한다는 다짐만은 받아두었다.

그러나 이런 신파조 얘기는 비극적으로 끝나게 마련인가. 그 건달은 그녀를 버렸다. 그들의 스캔들(?)이 온 동네에 널리 퍼졌다. 그녀는 아직도 미련이 있었지만, 울화가 치민 그녀의 아버지는 혼인을 빙자한 그 제비를 법정에 세우기에 이르렀다. 법관은 두 사람을 불러 사실 확인을 마치고 판결을 내리려는 순간이었다. 사실관계에 대해 "예, 예"만으로 일관하던 그녀가 머뭇거리며 말을 꺼낸다. "판사님, 그런데…… 언제부터 거…… 시기까지 국가가 관리했나요?"

개인의 사적 소유물이나 자유에 대한 사회적 규제는 경제현상과 밀접한 관련을 맺고 있다. 예를 들면 환경보호를 위한 사유재산권의 규제도 마찬가지다. 토지의 공공성을 중시한다면, 사유재산권의 제약을 당연한 사회적 규제로 받아들인다. 반면 사유재산권을 중시하는 처지에서는 그 것은 심각한 경제 자유의 침해에 해당한다. 자신의 소중한 재산을 어떤 형태로든 자유롭게 처리할 수 있게 하는 것이 바로 경제 자유의 핵심이기 때문이다.

그러나 아무리 경제 자유를 존중하는 체제에서도 반드시 정부가 개입해야만 해결할 수 있는 경제현상이 있다. 대표적인 사례가 바로 공공재와 독점산업이다. 공공재는 크게 철도, 항만, 도로, 교량에서부터 시작하여 작게는 공원의 분수, 가로등에 이르기까지 각양각색이다. 그러나 공공재는 모두 같은 특성이 있다. 어떤 특정인에게 귀속되지 않고 어느한 사람이 자기 것이라고 배타적으로 사용할 수도 없다. 가로등을 보라. 길거리를 지나는 사람은 모두 밝은 불빛의 혜택을 본다. 멀리 사는 사람이나 가까운 사람이나 사용료를 한 푼도 안 낸 사람도 건달도 순진한 처녀도 모두 그곳을 지나기만 하면 빛 가운데로 걸어갈 수 있다. 반면 사유재는 소유자만이 독자적으로 쓸 수 있다.

이처럼 공공재는 소비에서 배타적으로 제외되는 사람이 아무도 없다. 이것을 경제학에서는 공공재 소비의 비非배타성이라고 한다. 공공재는 말 그대로 여러 사람이 공동으로 사용할 수 있기 때문에 붙여진 특성이다.

　이런 공공 서비스를 시장에 맡기며 어떻게 되겠는가? 소비자는 필요하지만, 기업은 공공재를 만들어낼 인센티브가 없다. 기업은 이윤을 남길 수 있어야만 시장에 뛰어든다. 그러나 공공재 시장에서는 생산비조차 건지기 어렵다. 사용료를 받을 사람이 마땅치 않기 때문이다. 그렇다고 가로등마다 수금원을 배치할 수도 없다. 결국, 누구도 비용을 내지 않고 가로등의 혜택만을 즐긴다. 그래서 공공재를 정부가 간여하지 않고 시장에 맡기면, 거리에서 불빛을 찾아볼 수 없게 된다. 원하는 사람은 많은데 공급할 기업이 없으니 시장은 실패로 돌아간다. 이런 부문에는 반드시 정부가 개입하여 시장기능을 보완해야만 한다. 따라서 공공재는 사용료를 받도록 민영화하거나 정부가 직접 공급해야만 한다.

　물론 처녀의 몸을 경제적 사유재와 직접 비교하는 것은 무리일 수 있다. 그러나 몸보다 재산을 더 귀하게 여기는 사람도 많다. 따라서 이처럼 소중한 사유재를 국가가 간섭하는 것은 세계적 논쟁거리가 될 수 있어도 공공재의 규제에는 논란이 없다. 사유재와 공공재는 서로 다르기 때문이다.

12
당신의 기대가
경제를 바꾼다

개인용 PC가 처음 등장할 즈음의 얘기다. 물론 당시 컴퓨터 주류는 대용량을 처리할 수 있는 메인 프레임뿐이었다. 주로 IBM이나 NEC 등에서 임대로 공급하는 대형 컴퓨터가 시장을 지배하고 있었다. 따라서 개인용 PC는 상상하기도 어려웠던 시절이었다.

PC의 보급이라는 황당한 꿈을 꾸고 있던 어느 사업가가 두 팀에게 시장조사를 지시했다. 드디어 몇 달 뒤 두 개의 보고서가 올라왔는데, 아뿔싸, 내용이 완전히 상반된 것이었다. 한 팀은 대형 컴퓨터 시장에 비싼 소형 PC를 보급하는 것은 불가능한 일이라고 했다. 우선 소비자들을 설득시키기 어렵고 가격이 맞지 않았다. 그리고 사람의 컴퓨터 사용습관을 바꾸는 것도 거의 불가능하다고 지적했다. 다른 팀은 전혀 다른 보고서를 올렸다. 초기에는 보급이 힘들겠지만, 가격도 습관도 모두 바꿀 수 있을 것이므로 서둘러 소형 PC를 개발해야 한다는 것이었다.

기술개발이 얼마나 빨리 이루어질지 모르는 상황에서 사람의 습관과 사용방식이 언제 변화할지도 모르는 상황에서 과연 수억 달러를 쏟아 부어야 할까? 당시에는 매우 어려운 결정이었다. 그러나 지금은 어떻게 되었는가? 대형 컴퓨터에만 집착했던 굴지의 기업들은 침체의 길을 걸었고, 소형 PC가 세계시장을 지배하고 있다.

유사한 얘기는 여러 곳에서 찾을 수 있다. 맨발로만 다니는 아프리카 사람에게 어떻게 신발을 보급할 수 있었을까? 일부에서는 발바닥까지 두꺼워진 그 사람의 습관을 바꾸는 것은 도저히 불가능하다고 분석했다. 그러나 결국 신발이 습관을 바꿀 것이라고 굳게 믿었던 기업은 현재 세계 최대의 신발 제조업체로 성장했다.

무엇이 기업의 성공과 실패를 결정짓는가? 좋은 상품을 선택하는 것도 중요하고, 마케팅을 잘하는 것도 중요하다. 그러나 더욱 중요한 것은 역시 어떤 믿음을 갖고 발상의 전환을 어떻게 할 수 있느냐에 달려 있다. 경제의 세계에서도 패러다임을 바꾸는 과학의 혁명이 나타날 수 있다.

기존의 고정관념에서 벗어나 새로운 발상을 시도하면, 무언가 새로운 시장의 기회를 찾을 수 있다. 이것이 바로 기업의 운명을 가름하는 중요한 전기가 되는 것이다. 소형 PC도 성공할 수 있다는 믿음이 세상을 바꾸지 않았는가. 아프리카의 주민에게도 신발을 신길 수 있다는 기대가 기업의 운명을 바꿔놓지 않았는가.

미래에 대한 믿음과 기대는 기업의 운명에만 영향을 미치는 것이 아니라 국민경제 전체도 움직일 수 있다. 예를 들어, 모든 국민이 새해 경기가 나빠질 것이라고 기대한다고 생각해보자. 역설적으로 그러한 부정적인 기대는 실제로 경제를 더 침체시키는 중요한 원인으로 작용해 버린다. 왜 그러한가? 논리는 매우 간단하다.

새해 경기가 더 침체할 것이라고 믿는다면 어떤 기업이 투자를 늘리겠는가? 그런 기대를 소비자도 갖고 있다면, 누가 돈을 더 쓰려 하겠는가. 투자는 위축되고 소비는 줄어든다. 그렇게 되면 당연히 경제는 더욱더 침체할 수밖에 없지 않은가. 내일이 불안하면 투자도 소비도 늘지 않는다. 오히려 저축만 늘어나고 경제는 더욱 위축될 수밖에 없다.

그러나 세상을 밝게 보면 경제의 미래도 밝아질 수 있다. 미래에 대한 긍정적인 기대는 투자를 늘리고 소비를 활성화하는 중요한 요소가 된다. 미래를 어둡게 바라보지 않는 것 하나만으로 세상이 달라질 수도 있다. 내일의 시장이 어둡다고 생각하면 결코 새로운 컴퓨터를 개발할 수 없다. 밝은 기대 속에서만 새로운 상품을 개발하고, 새로운 투자와 소비가 뒤따를 수 있다.

경제는 이처럼 우리가 세상을 어떻게 보느냐에 따라 크게 달라질 수 있다. 물론 경기침체가 심화하는 상황에서 밝은 기대를 하는 것은 결코 쉬운 일이 아니다. 그러나 경기는 영원히 침체할 수도 없고 지속적인 호황도 불가능하다. 수없이 많은 요인에 의해서 수시로 바뀌는 변덕스런 특징을 갖고 있다. 그러나 그 수없이 많은 요인 중에 바로 나의 기대가 가장 중요한 변수의 하나로 자리 잡고 있다. 내가 밝은 기대를 하는 것이 경제의 흐름을 바꿀 수 있는 요인이 될 수 있다면, 얼마나 흐뭇한 일인가. 아무리 현실이 어려워도 내일이 밝아질 것이라는 긍정적인 믿음을 갖자. 그것이 바로 내일의 경제를 바꾸는 첫걸음이 된다.

13
도덕적
해이

　고급 외제 차는 비싸지만 안전성이 높은 것으로 알려졌다. 사고를 당해도 치명적인 상해를 피할 수 있다는 믿음 때문에 여유 있는 사람이 즐겨 찾는다. 그렇다면 과연 고급 차의 사고율이 사람의 기대만큼 낮겠는가? 이와 관련된 흥미 있는 조사 결과가 있다.

　미국의 한 방송사는 워싱턴 교외의 교차로에서 정지 신호를 무시하고 지나가는 차량을 조사하여 제조 회사와 모델명을 발표했다. 그런데 그 결과는 놀랍게도 안전을 중시하는 운전자들에게 가장 인기 좋은 볼보가 신호를 가장 많이 위반한 것으로 나타났다. 그 지역 전체의 보유 대수와 비교한 상대적 비율도 높게 나타났다. 다음 순위에 해당하는 차량 역시 벤츠나 BMW 등 안전 중시형 고급 차들이었다. 이들 차량의 주 고객이 어린아이가 있는 중류층의 부부라는 사실을 고려한다면 이 조사 결과는 더욱 아이러니하다.

왜 이런 현상이 나타났을까? 이에 관해 다음 두 가지의 설명이 가능하다. 첫째, 비싼 고급 차는 안전을 담보로 한 보험과 같은 것이다. 그래서 운전자는 차의 안전성을 과신하여 조심스럽게 운전하지 않는다는 것이다. 둘째, 운전하는 습관이 좋지 않았기 때문에 안전을 위해 그런 차를 선택한다는 가설이다. 그러나 아무래도 전자가 더 설득력 있는 것 같다. 즉, 차의 안정성을 잘 알고 있기 때문에 정지 신호를 무시하는 위험을 쉽게 감수하는 경향이 있다는 것이다.

안전한 차라는 좋은 보험(?)에 들고 있는 개인 차원에서 보면 합리적인 행동일 수 있다. 그러나 사회적 관점에서는 그 보험이 바람직하지 않은 행동을 유발하는 동기가 되는 셈이다. 어떤 경우에도 안전하게 운전해야 한다는 '암묵적 약속'을 무시해버렸기 때문이다. 물론 그런 행동은 자신에게는 피해를 주지 않는다는 잠재적 믿음에서 비롯된 것이다.

이런 행동은 양자가 구체적인 계약을 체결한 때도 발생할 수 있다. A와 B가 어떤 내용으로 협약을 체결했다. 그런데 A가 B의 행동을 제대로 감시할 능력이 없다면 B는 어떻게 행동할까? B의 도덕적 기준이 매우 높지 않다면, 협약서의 내용보다는 자신의 이익을 좇아 마음대로 행동할 가능성이 높아진다. 그런 행동을 B 자신은 '합리적'이라고 판단할지 모르지만, A에 대한 신뢰를 지켜야 하는 법적 의무나 도덕적 책임을 파기하는 것이다. 이처럼 자신의 이익을 위하여 사회적 신뢰를 저버리는 행위를 경제학에서는 '도덕적 해이Moral hazard'라고 한다. 도덕적 해이는 여러 형태로 나타난다. 대리인인 '장미의 기사'가 주인의 애인을 빼앗아 간 것이나, 회사에서 근무하면서 자신의 이익을 먼저 챙기는 것도 모두 도덕적 해이에서 비롯된다.

도덕적 해이는 모든 사람이 같은 정보를 공유하지 못하기 때문에 나타난다. 이것을 정보의 비대칭성이라고 한다. B가 A보다 더 완전한 정보를 갖고 있다면 B는 그 정보를 활용하여 자신의 이익을 극대화시킨다. 이 때문에 A가 손해를 입는 것이 전형적인 도덕적 해이의 사례이다. 금융기관의 임직원이 예금자의 이익을 도외시하고 자금을 운용하거나, 공무원이 국민의 후생보다는 자신의 이익을 좇아 행동하거나, 교수가 계약에 명시된 의무를 게을리하는 것도 모두 도덕적 해이에서 비롯된다. 과거의 기록에 따라 우량 고객으로 보험료를 할인해 주었는데, 좋은 보험을 믿고 함부로 운전하는 것도 도덕적 해이 현상이다. 그렇다고 그들의 행동을 일일이 파악하기 위해 정보를 수집하거나 감시를 할 수도 없다. 그렇게 하려면 엄청난 사회적 비용이 유발되기 때문이다.

사회적 신뢰 기반이 취약한 우리 문화에서는 도덕적 해이가 모든 분야에 만연되어 있다. 내가 아무리 좋은 위치에 있다고 할지라도 남이 보지 않는 곳에서 암묵적 약속을 지키는 문화를 만들어보자. 그 기반이 없이는 경제의 선진화가 이루어질 수 없다.

14

빛의
함정

IMF의 외환위기를 맞은 지 만 15년이 되었다. 그동안 우리 경제는 다행히 구제금융을 조기에 상환하고 국가부도의 위기에서 탈출하는 데 성공하였다. IMF 처방이 한국에서만 유일하게(?) 성과를 거두었기 때문에 국제적으로는 오히려 한국이 IMF를 구원했다는 역설도 나온다.

그러나 이런 평가에도 불구하고 일부에서는 2008년 글로벌 금융위기 이후의 체감경기가 IMF 관리체제에 있었을 때보다 더 심각하다고 한다. 거시경제와 체감경기 사이의 괴리가 왜 그렇게 큰 것일까. 실제로 취업경쟁은 그 어느 때보다 심각하고 개인의 신용 불량도 급격히 증가하고 있다. 이런 현상을 어떻게 설명할 수 있을까?

가장 근본적인 원인의 하나는 우리 경제가 아직도 '빛의 함정'에서 완전히 헤어나지 못하고 있기 때문이다. 정부와 공공부문의 부채도 빠른 속도로 증가하고 있고 민간 부채는 사상 최고치를 지속해서 갱신하고 있다. 경기침체의 장기화로 민간의 부채의존도가 빠른 속도로 증가하고 있다.

빚은 경제 내부에서 지속해서 순환하며 부담을 주고 있는 것이다. 기업이나 민간이 부실화되면 부채가 금융권에 부담을 주고, 금융권 부채는 공적자금을 통해 공공부문으로 전가된다. 시차를 두고 부채는 다시 가계 부문으로 이동하면서 순차적인 압박 요인이 되고 있다. 만약 가계가 파산한다면, 또다시 금융권의 위기가 되풀이될 수도 있는 위험을 안고 있는 것이다. 따라서 국민경제 관점에서는 빚이 사라진 게 아니라 경제 내부에서 서로 다른 주체에게 전가되고 있을 뿐이다.

이런 함정에서 탈출하기 위해서는 인플레이션을 유발하거나 기업이 대폭의 흑자를 내야만 한다. 그러나 인플레이션은 또 다른 문제를 일으키므로 후자의 선택이 바람직할 것이다. 기업이 지속해서 흑자를 내면 은행이 건실화되어 공적자금을 회수할 수 있고, 고용과 소득 증대로 가계부채도 줄어든다. 기업 흑자만이 금융권과 공공부문, 가계가 안고 있는 부채를 동시에 해결할 수 있는 묘안인 셈이다. 부채의 늪에서 벗어나야 안정적 성장도 가능하지 않겠는가. 따라서 당분간 경제정책 핵심은 기업의 흑자환경 조성에 모여야 한다.

그렇다면 무엇이 가장 시급한 과제인가. 물론 대외여건까지 바꿀 수는 없다. 우리가 할 수 있는 가장 중요한 선택은 역시 시장 친화적인 기업정책과 노동시장의 유연성이다.

우선 정부 관료가 기업을 보는 시각이 근본적으로 달라져야 할 것이다. 기업은 특정한 법규와 제도를 통해서 관리하는 대상이 아니라 시장

환경의 변화 속에서 지속해서 변신하며 생존해가는 생명체다. 규제와 지원정책이 이러한 기업 속성을 수용할 수 있어야만 한다. 시장 흐름에 역행하는 정책은 엄청난 사회적 비용을 유발하고, 변칙적인 예외를 양산하며, 티효율만 높인다는 사실을 인식해야 한다. 최근 M&A 정보의 사전공시와 연결재무제표 분기 제출, 임원보수 공개 의무화 등도 마찬가지다.

과연 시장 현실을 제대로 고려한 것인가. 게다가 국민연금의 주주권 행사까지 도입한다면 취약한 지배구조와 부실경영으로 얼룩진 기관투자가에게 과연 무엇을 기대할 수 있을 것인가. 물론 소액주주와 주채권자를 위한 투명성 제고가 중요한 것은 사실이지만 기업은 본질에서 공공기관이 아니다. 기업가 정신이 시장에서 숨 쉴 수 있는 자유로운 시장 환경이 조성되어야만 한다. 불투명한 경영으로 부당한 이익을 챙기는 기업을 토호해서도 안 되지만, 아무리 투명성이 높아도 적자기업은 살아남을 수 없는 것이 시장의 법칙 아닌가. 따라서 투명성도 효율성을 침해하지 않는 범위에서 우리 문화에 맞게 점진적으로 도입되어야 한다.

노동시장의 중요성은 더 말할 나위 없다. '노조 공화국'에서 어떻게 높은 생산성과 기업 흑자를 기대할 수 있겠는가. 파업 일수가 세계에서 가장 많고 노조 전임인력이 유럽보다 8배나 많은 환경에서 어떻게 세계 일류기업과 경쟁할 수 있겠는가. 노동시장에 규제가 많은 유럽에서 실업률이 높은 이유는 무엇인가. 노동시장의 유연성이 오히려 고용을 확대하고 근로자 전체의 후생을 높인다.

정치권의 지도자들도 막연히 고도성장이나 일자리 창출만을 공약하지 말고 오히려 구체적인 기업환경 개선을 외쳐야 한다. 그렇다고 큰 비용이 소요되는 것도 아니다. 의식과 제도만 바꾸면 가능한 일이다. 노사문화와 규제정책을 개선하지 않고 어떤 경제공약이 실현될 수 있겠는가.

15
중용의
경제학

"총명한 자는 지나치고 우매한 자는 미치지 못하며, 어진 자는 지나치고 못난 사람은 미치지 못한다知者過之 愚者不及也 賢者過之 不俏子不及也."

《논어》《대학》《맹자》와 더불어 널리 알려진 사서四書 중의 하나 《중용》에 나오는 말이다. 유교의 경전인 《중용》은 동양사상을 이해하는 데 필독서이며, 중용은 지선至善의 도道로 널리 알려져 왔다. 공자가 말한 바로는 "지나침도 없고, 부족함도 없는" 상태, 그것이 바로 군자가 추구해야 할 최고의 도리인데, 주희는 이것을 '중용'이라고 했다. 또한, 중용은 시간과 공간에 따라 다르고 바뀌는 사물과 상황에 따라 상대적으로 결정되어 사사물물事事物物에 모두 중中이 있다고 한다(이동환 역해, 《대학중용》에서 인용).

그런데 '지나침도 없고 부족함도 없는' 상태는 군자의 도리에서뿐만 아니라 경제에서도 매우 중요하다. 경제에는 제품을 만들어 시장에 공급하는 사람과 시장에서 그 제품을 구매하는 사람이 있다. 그런데 공급자가 원하는 물량과 수요자가 원하는 물량이 '지나침도 없고 부족함도 없는' 상태가 바로 균형이다. 중용의 상태가 되는 셈이다. 시간, 공간과 사물에 따라 중中이 다르게 정의되듯이, 경제의 균형 역시 시간과 공간에 따라, 때로는 소비자와 생산자의 마음에 따라 수시로 변화한다. 공자는 중용을 통해 이미 경제학의 균형도 설파하고 있는 셈이다.

경제가 항상 과부족이 없는 상태에서 중용의 도를 유지한다면 얼마나 좋겠는가. 그러나 현실 경제에서는 오히려 과부족이 없는 경우보다는, 한쪽에서는 무언가 부족하고 다른 한쪽에서는 무엇인가 차고 넘치는 것이 더 일반적이다. 예를 들어 자동차를 사례로 들어보자. 시장에 공급되는 자동차는 100대인데, 수요는 70대밖에 없다고 가정하자. 시장에서는 중용에서 벗어나 한때 공급은 넘치고 수요는 모자라는 초과공급 상태가 나타난다. 균형이 깨지는 셈이다. 현재의 가격이 1,000만 원이라면, 당연히 가격 인하의 압력이 발생한다. 가격이 내려가면 수요가 증가하여, 일정 수준에서 공급과 수요가 일치하는 중용의 균형이 발생한다.

그러나 가격이 무한정 내려갈 수는 없지 않은가. 또한, 내린 가격에서도 수요가 증가하지 않는다면 어떻게 되겠는가? 그것도 경제 전반에 걸쳐 모든 시장에 이런 상황이 확산된다면 이런 때 가격은 내렸지만 수요가 증가하지 않기 때문에 초과공급이 지속해서 발생하는 현상이 나타난다. 이것을 디플레이션이라고 한다. 물가가 하락하면 이자율도 내려가고 화폐가치는 당연히 상승한다. 높은 물가에 시달려온 서민들에게는 얼마나 좋은 소식이겠는가. 그러나 반드시 그렇지만은 않다.

미국에서는 1929~1933년 사이에 물가가 30퍼센트 이상 하락하는 진기한 경험을 했다. 그 이후로 한동안 디플레이션은 경제사 교과서에나 나오는 것으로 잊혀왔다. 그러나 미국은 당시 대공황기에 있었고, 최근에는 이런 현상이 일본에서 나타나고 있다. 디플레이션이 계속되면 경제는 침체에 빠질 수밖에 없다. 근로자들은 임금을 내리려 하지 않는다. 소비는 지속해서 침체하기 때문에 기업은 투자를 축소하고 고용을 줄일 수밖에 없기 때문이다. 따라서 어떤 방법으로든 수요를 창출하여 초과공급을 없애고 디플레이션에서 탈출해야 한다.

"군자는 중용을 체행體行하고, 소인은 중용에 반反한다"고 하니, 역시 군자의 도道가 경제에도 바람직한 것 같다.

16
우리도
날아오를 수 있다

"절벽 가까이 나를 부르셔서 다가갔습니다. 절벽 끝에 더 오라고 해서 더 다가갔습니다. 그랬더니 절벽에 겨우 발을 붙이고 서 있는 나를 밀어버리는 것이었습니다. 물론 나는 그 절벽 아래로 떨어져 버리고 말았습니다. 그런데 나는 그때까지도 내가 날아갈 수 있다는 사실을 몰랐습니다."

한국 최초의 맹인 박사로 부시 행정부의 차관보를 지냈던 강영우 박사의 책 《우리가 오르지 못할 산은 없다》에 인용된 로버트 슐러의 기도문이다.

세계 경제가 대공황의 벼랑으로 떨어진 1930년대에 학계에서는 세기적인 논란이 벌어졌다. 당시 경제학계를 풍미했던 '고전학파'는 국가가 개입하지 않고 내버려두면 경제는 '보이는 않는 손'에 의해 자동 조절된다고 믿었다. 디플레이션으로 물가가 하락하면 실질임금도 내려가고 노동의 공급이 줄어들고 실업이 감소한다. 경제는 다시 균형으로 회복된다는 것이다. 미국 대통령 후버Hoover는 이 처방에 따라 정부는 손을 놓고 시장에서 해결되도록 기다려야 한다고 믿었다.

그러나 경제는 시간이 흐를수록 더 깊은 절벽 아래로 떨어져 경제학자들을 무색하게 만들었다. 의식주를 해결하지 못하는 떠돌이들이 수없이 많아지고 나무상자나 깡통으로 만들어진 빈민촌이 곳곳에 등장했다. 이런 동네를 후버촌Hooverville이라 불렀다고 한다. 그에 대한 실망과 분노를 짐작할 만하다. 당연히 후버는 재선에 실패했다.

후버의 고집은 '절벽에서 날아오를 수 있는 비법'을 몰랐던 당시로서는 어쩌면 당연하였으리라. 그러나 그 절벽의 세상을 향해 새 비법을 외치고 나선 사람이 있었다. 바로 케인스였다. 이 젊은 경제학자는 재정지출을 확대하여 수요를 늘려야만 공황의 늪에서 벗어날 수 있다는 가설을 제기하고 나섰다. 물론 학계와 정치권이 그의 주장에 귀를 기울일 리 없었다. 그러나 더는 대안이 없다고 생각한 루스벨트는 모험 삼아 케인스의 조언을 받아들였다. 당시로서는 엄청난 모험이었다. 그 첫 작품이 바로 공공사업을 일으켜 고용을 늘리는 뉴딜 정책이었다. 이는 곧 케인스 경제학을 탄생시키는 계기가 된다.

케인스는 공황의 원인이 공급능력은 많은 데 비해 수요가 부족하기 때문이라고 설파했다. 그래서 정부가 직접 나서서 재정지출을 늘리고 구매력을 증가시켜야만 경제가 회생할 수 있다고 했다. 이름 하여 유효수요를 정부가 창출하자는 것이다. 제품을 만들어 시장에 내놓기만 하면 수요는 저절로 생긴다는 기존의 경제학과는 180도 다른 접근이었다.

널리 알려진 세이의 법칙Say's Law, "공급이 수요를 창출한다"가 바로 고전학파를 대변한다. 그러나 대량생산체제로 바뀐 새 체제에 어떻게 적용될 수 있었겠는가.

물건은 많이 공급되는데 수요가 부족하다면 당연히 가격은 내려가고 기업은 어려워진다. 이런 판국에 통화량을 줄이고 재정지출도 축소한다면 경제는 어떻게 되겠는가? 디플레이션에서 공황의 절벽으로 추락하게 된다. 절벽에서 날아오르기 위해서는 어디선가 유효수요가 늘어나야 한다. 기업의 투자, 민간의 소비, 국외수출, 정부의 재정지출 등 무엇인가가 증가해야만 한다. 정부는 재정지출을 확대하고, 중앙은행은 통화량을 증가시키는 선택뿐이다.

지금은 널리 알려진 이 비법도 절벽 아래로 추락한 뒤에야 발견한 사실이다. 기다리기만 하면 균형이 회복된다고 말하는 사람을 향해 케인스는 "결국에는 우리는 모두 죽고 만다(In the long run, we are all dead)"는 명언을 남겼다. 너무 늦기 전에 절벽에서 날아올라야 한다.

KI신서 3997

정갑영 교수의 풀어쓰는 경제학
열보다 더 큰 아홉

1판 1쇄 발행 2012년 5월 15일
1판 3쇄 발행 2018년 11월 12일

지은이 정갑영
펴낸이 김영곤 박선영 **펴낸곳** (주)북이십일 21세기북스
디자인 표지 twoes **본문** 프리스타일
마케팅본부장 이은정
마케팅본부 한충희 최성환 김수현 배상현 신혜진 나은경 송치헌 최명열
홍보기획팀 이혜연 최수아 박혜림 문소라 전효은 염진아 김선아
제작팀 이영민

출판등록 2000년 5월 6일 제406-2003-061호
주소 (우10881) 경기도 파주시 회동길 201(문발동)
대표전화 031-955-2100 **팩스** 031-955-2151 **이메일** book21@book21.co.kr

(주)북이십일 경계를 허무는 콘텐츠 리더

21세기북스 채널에서 도서 정보와 다양한 영상자료, 이벤트를 만나세요!
페이스북 facebook.com/jiinpill21   **포스트** post.naver.com/21c_editors
인스타그램 instagram.com/jiinpill21   **홈페이지** www.book21.com
서울대 가지 않아도 들을 수 있는 명강의! 〈서가명강〉
네이버 오디오클립, 팟빵, 팟캐스트에서 '서가명강'을 검색해보세요!

© 정갑영, 2012

ISBN 978-89-509-3753-9 04320
978-89-509-3756-0 (세트)
책값은 뒤표지에 있습니다.